Practica el camino

Estar con Jesús
Ser como él
Hacer lo que él hizo

JOHN MARK COMER

ORIGEN

Título original: *Practicing the Way*
Primera edición: enero de 2024

Esta edición es publicada bajo acuerdo con
WaterBrook, un sello de Random House, de la división Penguin Random House LLC.

Traducción: Enjoy Servicios Editoriales

Impreso en Colombia / *Printed in Colombia*

ISBN: 978-164473-838-2

ORIGEN es una marca registrada de Penguin Random House Grupo Editorial

24 25 26 27 28   10 9 8 7 6 5 4 3 2 1

Contenidos

"Vengan, síganme"

—Jesús, Marcos 1:17

Polvo
(Introducción)

"Estarás cubierto con el polvo de tu rabino".[1]
—bendición judía del siglo I

¿A quién estás siguiendo?

Todo el mundo está siguiendo *a alguien*.

O al menos, a algo.

Dicho de otro modo, todos somos "discípulos".

La cuestión no es: *¿soy un discípulo?*

Sino que es: *¿de quién o de qué* soy un discípulo?

Lo sé; lo que acabo de decir es una herejía en el mundo moderno. Queremos creer con mucha fuerza que nosotros —y solo nosotros— planeamos nuestro derrotero, tenemos el timón de nuestro barco, controlamos nuestro destino. Todos aspiramos a liderar, no a seguir.

Pero ¿qué tal te está yendo a ti?

¿Alguna vez has sentido rondar en alguna parte de tu cabeza las siguientes preguntas: "¿Estoy viviendo la vida que deseo en lo profundo de mi corazón?" o "¿Acaso esto es todo?"?

Nací y crecí en la costa oeste de Estados Unidos. Es un secreto a voces que los EE. UU. en general, y mi estado de California *en particular*, está cimentado sobre lo que los sociólogos llaman "el mito del individuo robusto". El sociólogo Robert Bellah lo llamaba "individualismo radical" y dijo que era el "rasgo característico de Norteamérica".[2]

Y, sin embargo: "Ningún hombre es una isla", como dijo una vez el poeta John Donne.[3] Y ninguna mujer tampoco lo es; en palabras de la columnista del *New York Times*, Tish Harrison Warren: "Ninguno de nosotros llega a lo que cree por sí mismo. No hay tal cosa como pensadores libres".[4]

(Como verás, no soy el único hereje que anda rondando...).

Fuerzas poderosas tienen un interés particular en que creamos el mito (porque de veras *es* un mito) de que no estamos siguiendo a nadie. Las liturgias culturales que nos adoctrinan a diario —"Sé tú mismo", "Haz lo que más te guste", "Di lo que piensas"— pueden rastrearse y llegar a la fuente de una agenda perversa.[5] Si "ellos" (sean corporaciones multinacionales, políticos, agentes gubernamentales antidemocráticos, departamentos de mercadeo, *influencers* que solo quieren tener más seguidores, etc.) pueden hacernos creer que somos una hoja en blanco, que solo seguimos el ritmo interior de nuestro "yo auténtico" en nuestra marcha ascendente hacia la felicidad, entonces pueden mantenernos ciegos ante todas las maneras en que hemos sido "*disciplinados*[1]" —formados y manipulados— por *sus* deseos.

---

[1] N. del E. Disciplinar se usa aquí con el sentido de convertir a alguien en discípulo, dado que en español no existe un verbo que lo indique y discipular es un adjetivo. Esta consideración se mantiene a lo largo del texto.

Todo estafador habilidoso sabe que la clave para engañar a su público objetivo es hacerle creer que su plan fue idea suya. Traducción: la clave para hacer que la gente te siga es convencerlos de que no están siguiendo a nadie en absoluto.

Con el crecimiento de los imperios de las redes sociales y sus algoritmos siniestros, esas fuerzas poderosas ahora tienen acceso directo al fluir de nuestra conciencia cada vez que deslizamos el pulgar en la pantalla de nuestro celular. Se nos hace creer que solo estamos viendo anuncios, noticias, retuiteos y el contenido digital aleatorio (basura digital) es, en realidad, la modificación del comportamiento de masa, intencionalmente diseñado para influir en lo que pensamos, sentimos, creemos, compramos, votamos y vivimos. Para citar al filósofo de la tecnología, Jaron Lanier: "Lo que en otra época podría haberse llamado 'publicidad' ahora debe entenderse como modificación continua de la conducta a una escala colosal".[6] El "mundo" (como se le llama en el Nuevo Testamento) nos está *formando* constantemente.

¿Pero *en qué* cosa nos está formando? Porque todos nos estamos convirtiendo en algo. En eso consiste la experiencia humana: en el proceso de convertirse en una persona. Ser humanos es cambiar, crecer, evolucionar. Ese es el diseño de Dios. La pregunta no es: ¿nos estamos convirtiendo en persona?, sino: ¿*en quién* o *en qué* nos estamos convirtiendo? Si planeas el trayecto de tu vida en el curso de las próximas cinco décadas, y te imaginas a ti mismo a los setenta, ochenta o cien años, ¿qué clase de persona ves en el horizonte? ¿La proyección de tu mente te llena de esperanza o de miedo?

Para los que deseamos seguir a Jesús, la realidad con la que luchamos es esta: si no estamos siendo formados intencionalmente por Jesús mismo, entonces es altamente probable que estemos siendo formados involuntariamente por alguien o algo *más*.[7]

Así que, otra vez: ¿a quién estás siguiendo?

La pregunta de fondo aquí es: ¿en quién estás *confiando*? ¿En quién (o en qué) pones tu fe para que te muestre el camino a la vida que deseas?

Estoy convencido de que, contrario a lo que solemos escuchar, vivir por fe no es algo cristiano o incluso religioso; es algo *humano*: *todos* vivimos por fe.

La cuestión no es si voy a creer.

El tema es *a quién* o *a qué* le voy a creer.

Lo que quiere decir, a quién o a qué le voy a *confiar* mi vida. ¿Realmente quiero confiar en mí? ¿O en otro ser humano, para el caso? ¿A nosotros, las mismas criaturas que nos metimos en el mismo lío que estamos intentando resolver?

Es muy humano ser atraídos hacia alguien —una celebridad o un gurú o una figura histórica— y desear ser como ellos. Es parte de la forma en que Dios nos diseñó para crecer. Todos tenemos un ideal al que aspiramos, y cuando encontramos una persona o idea que parece representar lo que deseamos, la "seguimos", o en un lenguaje más cristiano, "creemos" en ellos.

¿En qué crees?[8] ¿Cuál es la lumbrera que elegiste, la persona por la que darías todo por pasar algunos días dentro de su órbita?

Dicho de otro modo: ¿Quién es tu "rabino"?

Soy uno de los muchos que han encontrado a Jesús de Nazaret como la luz más radiante que alguna vez iluminó la escena humana. Soy un lector ávido, y a través del don de la literatura, he podido observar las mentes de los mayores pensadores de la historia, y todo ellos tienen rasgos loables (y algunos no tan loables también). Pero cuando más vivo y estudio, más me convenzo de que Jesús no tiene competencia, tanto en la antigüedad como en la actualidad. Considero que no hay otro pensador, filósofo, líder, filosofía o ideología que tenga la coherencia, sofisticación y profunda resonancia interior que tiene Jesús y su Camino, mucho menos su asombrosa *belleza*.

En nuestra era secular, el aire que respiramos está lleno de escepticismo, hastío, desconfianza de toda autoridad, y la distorsión de la verdad ante el deseo o el sentimiento. Dentro de esta atmósfera cultural *todos* somos Tomás, el incrédulo.

Pero incluso en los días en que lucho para creer que Jesús fue quien dijo ser (te anticipo: más que un rabino), *quiero* creer. *Quiero* que la visión de Jesús sobre la vida en el "reino de Dios" sea cierta. Hace eco en el fondo de mi alma la conclusión de Pedro:

"Señor, —contestó Simón Pedro—, ¿a quién iremos?
Tú tienes palabras de vida eterna".[9]

Me paro (o, mejor dicho, camino) junto a una vasta multitud de personas alrededor del mundo y a lo largo de la historia, quienes han llegado a creer que simplemente *no hay una verdad, camino y vida mejor que la que se encuentra en Jesús*.

De la infinidad de opciones, Él es la que elegí creer. La que elegí seguir. Voy a terminar siguiendo a alguien; así que elijo seguir a Jesús.

El filósofo Dallas Willard solía decir que no hay problema en la vida del hombre que *ser aprendices* de Jesús no pueda resolver. Seguir a Jesús —o, como lo definiré más adelante, ser sus *aprendices*— es la solución al problema de la denominada "condición humana", cualquiera sea el mal: polarización política, guerras mundiales amenazantes, epidemia de salud mental, adicciones de todo tipo, nacionalismo cristiano, hipocresía extendida entre los líderes cristianos.

No hay problema en la vida del hombre que el ser aprendices de Jesús no pueda resolver.

Puedes haber elegido este libro porque estás considerando seriamente ser un seguidor de Jesús, pero quieres saber a qué le estarás dando tu *sí*. Eso es sabio. Jesús advirtió a sus potenciales seguidores que "calcularan el costo" antes de ser sus discípulos. [10]

O tal vez ya eres cristiano, pero sientes que en tu corazón hay un deseo mayor de tomar tu fe más seriamente, de volverte un aprendiz de Jesús. Añadir un nuevo nivel de intencionalidad a tu formación espiritual. Vivir con un propósito, no por accidente.

O quizás has estado siguiendo a Jesús por muchos años, pero sientes que has llegado a una meseta y estás estancado, y clamas por salir adelante y experimentar un nuevo nivel de sanidad, cerrar la brecha entre tu vida y la vida verdadera de Jesús.[11] En otras palabras: quieres ser santo.

Quienquiera que seas y cualquiera sea el propósito por el cual estás leyendo este libro, eres bienvenido. Estoy feliz de que nos hayamos encontrado.

Soy un seguidor de Jesús que ha pasado gran parte de su vida adulta intentando ser un discípulo de Jesús en el occidente poscristiano. He llegado a creer que hay un camino de vida, establecido por el mismo Jesús, que si nos consagramos a él —y en última instancia *a Él*— nos conducirá a la vida que *todos* verdaderamente anhelamos. Este libro es la culminación de décadas de experiencia, prueba y error, más fracasos que éxitos, y un montón de lecciones aprendidas en la escuela de los golpes duros, pero las páginas que vendrán no son solo un tomo: son simplemente la exploración y explicación de lo que creo que son las dos palabras más importantes pronunciadas en los anales de la historia de la humanidad:

"Vengan, síganme".[12]

Contrario a lo que muchos suponen, Jesús no invitó a las personas a convertirse al "cristianismo". Ni siquiera los llamó a ser "cristianos" (continúa leyendo); invitó a la gente a ser sus aprendices en una nueva manera de vivir. Los llamó a ser transformados.

Mi tesis es simple: la transformación es posible si estamos dispuestos a organizar nuestra vida en torno a las prácticas, ritmos y verdades que Jesús mismo hizo, lo cual abrirá nuestra vida al poder de Dios para cambiarnos. Dicho de otro modo: podemos ser transformados *si* estamos dispuestos a volvernos aprendices de Jesús.

Entonces —y solo entonces— podremos convertirnos en la persona que anhelamos ser y vivir la vida para la cual fuimos diseñados.

Pero ¿qué significa exactamente ser "aprendices" de Jesús?

Significa *poner en práctica el Camino*.

Aprendices de Jesús

Imagina lo siguiente: tu nombre es Simón. Eres un hebreo del primer siglo, y estás a fines de tus veinte años o principio de los treinta. Eres dueño de un pequeño emprendimiento pesquero en la zona de Galilea, una serie de aldeas en el norte de Israel. Tu vida ya está trazada: haces lo que hacía tu padre, y este lo que hacía tu abuelo antes que él. Viviendo bajo la ocupación romana, no hay muchas opciones. Mantienes la cabeza baja, el silencio, trabajas duro.

Un día estás metido hasta la cintura en el mar, echando tu red junto con tu hermano Andrés, cuando de repente notas que un hombre viene caminando hacia la orilla. Instantáneamente reconoces su rostro. Es Él: *Jesús*, el de Nazaret, que está a unos metros de distancia. Todo el mundo está hablando de este hombre; dice y hace cosas que ningún rabino ha dicho o hecho jamás.

Allí está, viene andando directamente hacia ti. Haces contacto visual. Sus ojos brillan como estrellas, hay un cosmos detrás de ellos. Irradia gozo, y sin rodeos suelta: "Vengan, síganme... y los haré pescadores de hombres".[1]

Tú estás absolutamente anonadado.

No puede ser.

No *a ti.*

De inmediato haces a un lado las redes, empujas a Andrés de la barca (aunque él no precisa que lo persuadas), dejas *todo* atrás y caes rendido delante de Jesús, eufórico por estar en compañía de Él. O en las palabras de su biógrafo, Marcos: "Al momento dejaron las redes y lo siguieron".[2]

Ahora, si estás familiarizado con esta historia, es fácil perder de vista lo extraña que es. ¿Qué cosa haría que Simón literalmente abandone un negocio familiar rentable y deje a su familia y amigos, sin ninguna planificación, todo para seguir a un hombre que no tiene ingresos fijos, que no pertenece a ninguna organización, ni a una posición oficial y tiene un futuro incierto?

¿O nos estamos perdiendo de algo?

Jesús era un rabino

Si fueras Simón, y Jesús estuviera visitando tu sinagoga una mañana de Sabbat para predicar, la categoría en la que probablemente lo pondrías sería la de un rabino o maestro.

El título "rabí" literalmente significa "maestro".[3] Los rabinos eran los maestros espirituales de Israel. No solo eran profesores expertos en la Torá (las Escrituras de su época) sino que muchos eran ejemplos atractivos de la vida con Dios. Eran de los pocos especiales que brillaban con una luz interior.

Cada uno de ellos tenía su "yugo", lo cual era una expresión hebrea para sus enseñanzas, su modo de leer las Escrituras, su visión acerca de cómo crecer en el buen mundo de Dios. La compartían para que también tú pudieras experimentar un poco de lo que ellos habían experimentado.

Los rabinos provenían de una amplia variedad de la sociedad. Podían haber sido agricultores o herreros o incluso carpinteros.[4] La mayoría de ellos eran entrenados bajo otro rabino por muchos años, y luego empezaban a enseñar y a convocar a sus propios discípulos alrededor de los treinta años, solo que no había una certificación formal como en nuestro sistema educativo moderno. La autoridad funcionaba de manera diferente. Tu propia *vida* y tus *enseñanzas* eran tus credenciales.

Además, los rabinos eran itinerantes y la mayoría de ellos no recibían paga (algunos trabajaban en su campo o hacían negocios en temporadas específicas del año y luego viajaban fuera de temporada). Viajaban a pie de una aldea a otra para enseñar en alguna sinagoga que los recibiera, confiando en la hospitalidad de gente de paz. Solían hablar con parábolas y acertijos. Normalmente, viajaban junto a un pequeño grupo de discípulos, enseñando. No en aula, sino el aire libre y junto al camino; no desde un manual de texto o un programa curricular, sino de la Torá y de la escuela de la vida.[5]

Una y otra vez en los cuatro evangelios, Jesús es llamado "rabí".[6]

Pero no era un rabino común y corriente.[7]

Dondequiera que iba, las multitudes "se sorprendían" y "corrían a saludarlo".[8] El biógrafo Lucas escribe: "Todos dieron su aprobación, impresionados por las hermosas palabras que salían de su boca".[9] Marcos dice: "La gente se asombraba de su enseñanza, porque la impartía como quien tiene autoridad y no como los maestros de la ley".[10] Le daban devoluciones como: "¿De dónde sacó este tal sabiduría (...)?" y "¡Nunca nadie ha hablado como ese hombre!".[11]

Por supuesto, decir que Jesús era un rabino es tan revelador como decir que era judío (aunque, esta es otra verdad que muchísimas personas olvidan), pero tristemente muy pocas personas —*incluyendo muchos cristianos*— toman a Jesús seriamente como un maestro.

Para muchos, Él es una aparición espectral que está ahí para inspirar a las próximas generaciones a alguna clase de benevolencia. Para otros, es un revolucionario social —¡resistencia!— con los puños alzados contra el Imperio romano de ese entonces y todos los imperios de la actualidad. Para un gran número de cristianos occidentales, era un mecanismo de entrega para una teoría particular de expiación, como si la única razón de su venida hubiera sido para morir, y no para vivir.

Como resultado de eso, muchos, incluyendo a los cristianos, no consideran a Jesús demasiado inteligente. Santo, sí. Bueno, también. Incluso divino. ¿Pero inteligente? No demasiado.

Un número cada vez mayor de cristianos no está de acuerdo con Él en asuntos cruciales del progreso de la humanidad. Preferirían confiar en un político, en una celebridad o en un pastor devenido en canalla antes de confiar en Jesús como el maestro y los discípulos que estudiaban bajo su tutela directamente. Nunca se les ocurriría siquiera pensar en consultar a Jesús sobre los asuntos candentes de nuestro tiempo: política, justicia racial, sexualidad, género, cambio climático, etc. Como dice Dallas Willard: "Lo que yace debajo del asombroso desprecio a Jesús que hallamos constantemente en la existencia de multitudes de cristianos profesantes, es una sencilla *falta de respeto por Él*".[12]

Esto es crucial, porque si "seguir" a Jesús es poner tu confianza en Él para que te guíe a la vida que deseas, es muy difícil (si no imposible) que le entregues tu vida a alguien a quien no respetas.

¿Pero qué si Jesús fuera más inteligente que cualquier otro maestro de la historia como Stephen Hawking, Karl Marx o el mismo Buda? ¿Qué si fuera un sabio brillante con una revelación de la condición humana que todavía, dos milenios más tarde, no tiene precedentes? ¿Qué si sencillamente no tuviera paralelo ni comparación?

Bueno, *ese* podría ser alguien en quien confiar.

Por supuesto, llamar a Jesús un rabino brillante *no es* decir que era *nada más* que un rabino brillante. Jesús fue crucificado con un cartel sobre su cabeza que decía "El Rey de los judíos", no "gurú". Dice mucho de Jesús el que sus enemigos lo vieran como una amenaza política.

Eso hubiera tenido mucho sentido en la cultura de Jesús. Moisés, el gran astro histórico del pueblo judío, era llamado *Moshe Rabbenu*, o "Moisés nuestro Rabí", y también "El gran maestro de Israel". Los judíos del tiempo de Jesús estaban esperando un nuevo Moisés que se levantara y liderara un nuevo éxodo para salir del Imperio romano, a una figura a la cual llamar "Mesías". Algunos anhelaban que el largamente esperado Mesías apareciera como un guerrero o un líder militar, pero muchos tenían la expectativa de que vendría como un gran maestro. Como dijo un erudito: "El pueblo judío creía que convertirse en un gran estudioso de las Escrituras era considerado un logro supremo en la vida. En esa cultura, tenía sentido que el Mesías fuera el mayor de los maestros. No es de extrañarse que Jesús haya venido como un rabino judío".[13]

Pero los cristianos creemos que Jesús era más que el Mesías; que, en Jesús, Dios mismo caminó entre nosotros. Jesús hizo declaraciones que ningún rey judío se hubiera atrevido a pronunciar; declaraciones que le valieron la acusación de blasfemo, un pecado capital en ese mundo. Como expresó un crítico: "No queremos apedrearte por ninguna obra buena, sino por haber blasfemado, ya que tú, siendo un hombre como los demás, pretendes hacerte pasar por Dios".[14]

Pero decir que Jesús era *más* que un simple rabí o, incluso, el Mesías, *no es* decir que no era brillante, provocativo, sabio, divertido, maestro espiritual de cómo vivir y florecer en el mundo de nuestro Padre.

Él era un rabino. Y al igual que la mayoría de los rabinos de su tiempo, tenía discípulos...

Tres metas de un aprendiz

Contrario a la opinión popular, Jesús no inventó el "discipulado". Los rabinos con una pequeña camarilla de discípulos eran vistos a menudo rondando por Galilea. Unos pocos años antes de Jesús, el rabí Hilel convocó a setenta discípulos. El rabí Akiva —un famoso maestro unas décadas después de Jesús— solo tenía cinco, pero se decía que lo "seguían" miles en todo Israel. En el Nuevo Testamento, Juan el Bautista tenía discípulos, como también los fariseos; el apóstol Pablo había sido anteriormente discípulo de un rabino conocido a nivel nacional, llamado Gamaliel. El discipulado —o como voy a llamarlo, "aprendizaje"— era el pináculo del sistema educativo del primer siglo, algo similar a un doctorado o una carrera de grado en nuestro sistema actual.

Esto significa que, para comprender el discipulado, primero debemos comprender el sistema educativo judío. (No te preocupes, prometo ser breve). Los niños judíos comenzaban la escuela alrededor de los cinco años en la *bet sefer* o "casa del libro", que era el equivalente a nuestra escuela primaria. Normalmente la *bet sefer* estaba construida al lado de la sinagoga y era dirigida por un escriba o maestro a tiempo completo. El plan de estudios era la Torá, y en una cultura oral, para los doce o trece años la mayoría de los niños judíos se habían *memorizado* la Torá entera: *Génesis, Éxodo, Levítico, Números y Deuteronomio*. En ese punto la gran mayoría de los estudiantes se regresaban a su casa. Luego aprendían el oficio de la familia o ayudaban con las tareas del campo.

Pero los mejores y más inteligentes pasaban a un segundo nivel de educación, llamado *bet midrash* o "la casa de estudios", donde continuaban aprendiendo. Para la edad de diecisiete años habrían memorizado —escucha bien— *¡el Antiguo Testamento completo!*[15]

Ahora bien, en este punto, la abrumadora mayoría se daba por satisfecha y les decían: "vayan a hacer bebés y oren que se conviertan en rabinos, y se dediquen a sus labores".[16] Pero los mejores *de los mejores* se postularían para ser aprendices de un rabino. Claro, esto era *realmente* muy difícil de lograr. Los programas para aprendices eran el equivalente a la Ivy League de hoy en día, pero más exclusiva todavía. Tenías que encontrar un rabí cuyo yugo te resultara atractivo y después implorar para poder unirte a su grupo de estudiantes. El rabino te mataría a preguntas: ¿Qué tan bien te sabes la Torá?, ¿Cuál es tu visión de los *nefilim* de Génesis 6?, ¿Apoyas la escuela de Hillel o de Shamai en Deuteronomio 24? Dime, ¿qué tan a menudo oras?

Y si *él* pensaba que tenías la inteligencia, la ética del trabajo, la *chutzpah* para un día convertirte en rabino, te diría algo así como: "Ven, sígueme".[17] Otra forma de decirlo sería: "Ven, sé mi aprendiz".

Ahora, digamos que tú eres uno de esos tipos suertudos que se convierten en aprendices de un rabí. De allí en adelante, tu vida entera gira en torno a tres metas:

1. **Estar con tu rabí.** Jesús mismo invitó a sus discípulos a que "estuvieran con él".[18] Entonces, dejarías a tu familia, tu aldea, tu negocio y seguirías a tu rabí 24/7. Serías estudiante, pero no en la "clase" de los lunes, miércoles

y viernes de 11:00 a 11:50 de la mañana. Sería una formación permanente y continua. Pasarías cada momento del día con tu rabino: dormirías junto a él, comerías en su mesa, te sentarías a sus pies y acabarías cubierto con su polvo. TODO-EL-DÍA-CADA-DÍA.

2. **Ser como tu rabí.** Jesús dijo esta célebre frase: "el aprendiz no está por encima de su [rabí], pero todo el que haya completado su aprendizaje llega al nivel de su [rabí]".[19] Este era el corazón y el alma del aprendiz, estar con su maestro *con el propósito de su maestro.* Por ende, imitarías su tono de voz, sus modales, sus figuras retóricas. Querrías ser como él.

Por último, tu meta sería…

3. **Hacer lo que tu rabí hizo.** Todo el objetivo del aprendizaje, entonces y ahora, era entrenarse bajo un rabino para un día llegar a hacer lo mismo que él: esto es, convertirse uno mismo en un rabino. Si lograbas superar la prueba del discipulado (y este "si" era una verdadera condición), y una vez que tu rabino te consideraba listo, se volvía a ti para decir algo como: "Está bien, chico, te doy mi bendición. Ve y haz discípulos".

Eso era lo que significaba ser un discípulo.

Esto es lo que *todavía* significa ser un discípulo.

El problema es que eso *no* es lo que la mayoría de las personas entienden por "discipulado" hoy en día. Si observas el modelo de discipulado de Jesús, ya sea en el Israel del primer siglo o en los Estados Unidos (o donde sea que estés leyendo esto), el significado de discipulado está perfectamente claro: "seguir" a Jesús es convertirse en su aprendiz; es organizar tu vida entera en torno a tres metas:

1. Estar con Jesús.
2. Ser como Él.
3. Hacer lo que Él hizo.

Ser aprendiz de Jesús —seguir a Jesús— es un proceso de *toda* la vida de estar con Él con el propósito de ser como Él y llevar su obra al mundo. Es un viaje de toda la vida en el que gradualmente aprendemos a decir y hacer la clase de cosas que Jesús dijo e hizo, en la medida que vamos aprendiendo a sus pies en cada faceta de nuestra vida.

Dicho de otro modo: discípulo es un *sustantivo*.

Discípulo es un sustantivo, no un verbo

El problema con la palabra "discípulo" es que no la usamos mucho fuera del círculo de la iglesia. El término hebreo es *talmid*, y significa simplemente ser un estudiante de un maestro o filósofo, no solamente un aprendiz sino un practicante de un estilo de vida encarnado; uno que está trabajando con diligencia para volverse como su maestro.[20]

Diría que la mejor palabra para traducir el término hebreo *talmid* en español es la palabra que hemos estado empleando en las últimas páginas: "aprendiz". Esta es una palabra práctica. Evoca un modo de educación que es intencional, personificado, relacional y basado en la práctica, un tipo de aprendizaje que es completamente distinto a aquel con el que yo crecí.

El modelo de aprendiz de Jesús estaba muy lejano a nuestro sistema educativo occidental. Como han dicho un par de expertos: "Aprender no se trata tanto de retener datos como de adquirir sabiduría esencial para la vida, absorbiéndola de los que te rodean. Era (...) el método antiguo por el cual los rabinos entrenaban a sus *talmidim* o discípulos".[21] Otro dijo: "Seguir a Jesús significaba estar con Él con la actitud de escuchar, aprender, observar, obedecer e imitar".[22] Para los primeros aprendices de Jesús, el objetivo no era pasar un examen, obtener un título o recibir una certificación para poner en un cuadro en tu oficina; era dominar el arte de vivir en el buen mundo de Dios por medio de aprender de Jesús cómo hacer avances firmes en el reino de Dios. Era menos como aprender química y más como aprender a jiu-jitsu.

Pero cual sea la traducción que adoptes —discípulo, aprendiz, seguidor— déjame decirte lo obvio: *talmid* es un sustantivo, no un verbo.[23] A menudo la gente me pregunta: "¿A quién estás discipulando?"; o "¿Quién te discipuló?"; pero, por lo que a mí me consta, ni una sola vez en toda la Biblia "discípulo" se utiliza en forma de verbo, ni una sola.[24] Hablando gramaticalmente, el uso de "discipular" como verbo es incorrecto. Es más fácil verlo si intentas usar sinónimos de discípulo o palabras afines como verbo:

Por ejemplo, *creyente*: "¿A quién estás *creyentizando?*"

Espera, ¿qué? Ser creyente no es algo que *haces*; es algo que eres.

Además, no entiendo. Que alguien me ayude porque no lo comprendo. O crees, o confías en Jesús, o no.

Otro ejemplo, *Aprendiz*: "¿A quién estás aprendizando".

Estoy tan confundido: o sigues a Jesús o no lo haces.

Muchas veces han venido personas a verme, *amargadas* porque su pastor anterior "no los discipulaba". Lo que en general quieren decir es que esos pastores no pasaron tiempo uno a uno con ellos. Aunque apoyo a los pastores que dedican tiempo a impulsar el crecimiento de su gente, sostengo que no puedes "discipular" a alguien más de lo que puedes "creyentizarlo" o "seguirlo".

Por favor, escúchame: no se trata *solo* de semántica. El lenguaje importa.

Esta es la razón: si "discípulo" es algo que te hacen a ti (un verbo),[25] entonces eso pone el foco de responsabilidad de tu formación espiritual en *otra persona*, como tu pastor, tu iglesia o tu mentor. Pero si "discípulo" es un sustantivo —si es alguien que *eres* (o no eres)— entonces nadie puede "discipularte" sino tu rabí, Jesús mismo.

Pero *debes* elegir aceptar la invitación de Jesús a una vida como su aprendiz.

Si eliges apuntarte como su estudiante (y espero con ansias que lo hagas), eso significa que cuando te levantes mañana en la mañana, tu vida entera estará estructurada con base en tres metas: estar con Jesús, ser como Él y hacer lo que hizo. Esta es la pasión de toda tu existencia. "El resto son detalles", como dijo Einstein.

Trágicamente, no es lo mismo que ser cristiano.

¿Eres cristiano o aprendiz?

La palabra "cristiano" solo se usa tres veces en el Nuevo Testamento. Para ponerlo en perspectiva, "discípulo/aprendiz" se usa doscientas sesenta y nueve veces, cosa que no es de sorprender, porque el Nuevo Testamento fue escrito por aprendices de Jesús y para aprendices de Jesús.[26] Solo para dejarlo claro como el agua:

- Cristiano: 3x
- Aprendiz: 269x

El término cristiano, seguidor de Cristo, también puede ser leído como "pequeño Cristo" o un "mini Mesías", lo cual es hermoso. Originalmente se empleaba como un epíteto para burlarse de los seguidores del Camino. Pero con el paso del tiempo, nuestros ancestros espirituales adoptaron el término y lo utilizaron para autoidentificarse como los devotos a la imitación de Cristo = Meta #2: ser como Jesús. Hasta aquí todo bien.

He aquí el problema. Eso *ya no* es lo que esa palabra significa para la mayoría de las personas hoy. Para muchos en Occidente, "cristiano" es alguien que acepta mentalmente la esencia del "cristianismo" (una palabra que no aparece en la Biblia) y que puede (o no) asistir al templo ocasionalmente.

En el libro *Lincoln's Christianity* [El cristianismo de Lincoln], Michael Burlingame escribe sobre el largo debate acerca de si el presidente Lincoln era cristiano o no. El escritor espiritual John Ortberg hizo referencia a esto y se dio cuenta de cómo Lincoln se ha vuelto una especie de prueba de Rorschach que te dice más acerca *de lo que tú* crees que de lo que él creía.[27] Touché Burkhimer dice que antes de poder afirmar si Lincoln era cristiano, primero debes confrontar "la pregunta esencial de lo que significa ser cristiano". El autor prosigue definiendo a un cristiano como aquel que cree que "Jesucristo era divino y parte de la Trinidad, que murió por los pecados del mundo, y la fe en esa doctrina es necesaria para recibir la salvación", y luego declara: "Es un fundamento con el cual casi todos estamos familiarizados".[28]

Ahora bien, yo creo lo anterior y la mayoría de los seguidores de Jesús también, pero lo que es llamativo sobre este "fundamento" con el cual "casi todos estamos familiarizados" es que *no incluye absolutamente nada acerca de seguir a Jesús e intentar obedecerlo.*

Aquí está el problema.

La cosa es que Jesús nunca usó la etiqueta de "cristiano". Él dijo: "El que quiera ser mi *aprendiz*...", y no: "el que levante la mano para convertirse en cristiano...".

Ahora, no te vayas, pronto vienen los pensamientos felices. Pongamos esto en el marco de mi país, los Estados Unidos de América.[29] Alrededor del 63% de los norteamericanos se identifican a sí mismos como cristianos, aunque este número sigue decreciendo.[30] Tratar de medir el nivel espiritual de una persona es engañoso, pero algunas encuestas afirman que el número de seguidores de Jesús es aproximadamente el 4%.[31]

Entonces:

- Cristianos: 63%
- Aprendices: 4%

Mis amigos católicos distinguen entre católicos y "católicos practicantes", en el cual lo primero es de una categoría más cultural o étnica, como ser de Italia o de Boston, y lo segundo es una medida de devoción espiritual.

¿Llegará el tiempo en que los protestantes distingan amorosamente entre cristianos y "cristianos practicantes"? Como Máximo el Confesor dijo en el siglo VI, un tiempo no tan diferente del nuestro: "una persona que simplemente es un hombre de fe [no] es un discípulo".[32]

Si un aprendiz es simplemente alguien cuyo objetivo final es estar con Jesús para poder ser como Él y vivir del modo que Jesús viviría, entonces un *no*-aprendiz (sea que se identifique como ateo, devoto de otra religión o incluso cristiano) es simplemente alguien cuyo objetivo final en la vida es *cualquier otra cosa.*

El problema es que en Occidente *hemos creado un ambiente cultural donde puedes ser cristiano, pero no ser aprendiz de Jesús.*

La mayor parte de las predicaciones del evangelio en la actualidad no llaman a una vida de discipulado. Seguir a Jesús es visto como algo *opcional*; una "segunda oportunidad" después de la conversión para aquellos que quieren ir más lejos. Trágicamente, esto ha creado una iglesia de dos niveles, donde hay una enorme franja de gente que cree en Dios y hasta va regularmente a la iglesia, pero no ha reorganizado su vida cotidiana sobre el fundamento de un aprendiz de Jesús.[33]

Esta es una noción desconocida en los textos del Nuevo Testamento. Por ejemplo, en el diseño literario de los evangelios, tenemos dos tipos recurrentes de personajes: los "aprendices" y las "multitudes".[34] Los aprendices incluían a todos los seguidores de Jesús: los doce apóstoles, pero también muchos otros, incluyendo a las mujeres. Las multitudes eran simplemente el resto de las personas. No vemos que hubiera una tercera categoría de "cristianos" que solieran estar de acuerdo con lo que Jesús decía, pero que no lo siguieran o no hicieran un intento serio por obedecer sus enseñanzas (pero está todo bien porque "irán al cielo al morir").

Esta aguda división entre los "aprendices" y las "multitudes" es un elemento retórico utilizado por los cuatro biógrafos de Jesús. La ambigüedad del término "multitudes" es intencional. Es una forma de decirle al lector: "¿en qué grupo te encuentras?".

¿Eres un rostro más en la multitud?

¿O un aprendiz de Jesús?

Y dos mil años más tarde, *especialmente* en Occidente, esta pregunta es más importante que nunca. Estuve guardando esta cita de Dallas Willard por muchas páginas:

> El mayor desafío que enfrenta el mundo hoy, con todas sus necesidades acuciantes, es si aquellos que (…) se identifican como "cristianos" se convertirán en *discípulos* —estudiantes, aprendices, practicantes— de Jesucristo, que aprenden continuamente de Él cómo vivir la vida del reino de los cielos en cada rincón de la existencia humana.[35]

No podría estar más de acuerdo con él: *el mayor desafío que enfrenta el mundo hoy* no es el cambio climático, el fantasma de la guerra nuclear, el capitalismo o los derechos humanos, con todo lo cruciales que son cada uno de ellos. ¿Pero puedes imaginarte cuántos de ellos se resolverían de manera eficaz de repente si los *miles de millones* de seres humanos que se identifican como cristianos se convirtieran en aprendices de Jesús?, ¿si hicieran su principal objetivo el acercarse a cada desafío como Jesús lo haría?

Jesús no está buscando convertidos al cristianismo; está buscando aprendices en el reino de Dios.

Pero ¿para qué somos salvos?

Llegué a la mayoría de edad en un tiempo fascinante de la historia de la iglesia en Norteamérica. Cada año, más de un millón de *millenials* se alejan de su fe; y de los *millenials* que se criaron en iglesias evangélicas (como yo), solo el 10% califican como lo que el grupo Barna etiquetó de "discípulos resilientes", lo cual, tristemente, *no* significa que son la próxima Madre Teresa o Martin Luther King; simplemente significa que son seguidores básicos de Jesús.[36]

Amigos, 10% es un problema serio.

Pero ¿qué si esta crisis de discipulado es una *característica* del evangelicalismo y no un error? ¿Qué si fuera *exactamente lo que deberíamos esperar* basados en cuánta gente entiende el evangelio?[37]

Una rápida revisión: desde al menos la Segunda Guerra Mundial, en muchos círculos, el evangelio fue predicado de una manera en que podías convertirte en cristiano sin convertirte en aprendiz de Jesús. El discipulado fue, como dije antes, *opcional*, algo para considerar más tarde, si te parece bien. Muchos "conversos" más tarde sentían que el evangelismo era una carnada y cambiaban: imagina que vienes por el "regalo gratuito" de la vida eterna y después de que levantas la mano y "haces la oración", te dicen: "niégate a ti mismo, toma tu cruz y sigue a Jesús". El problema es que *la gente no se apuntó para eso*.

La división entre "evangelismo" y "discipulado" todavía domina gran parte de la franja de iglesias occidentales. ¿Por qué digo esto? Porque la forma en que entiendas el evangelio resulta en cómo miras (*o no*) al discipulado. "Decirle sí a Jesús" no te hace un aprendiz.

Esto genera preguntas acerca de la naturaleza de la salvación en sí misma: ¿exactamente *para qué* somos salvados? Siquiera *preguntarlo* era considerado equivalente a una herejía en muchas corrientes de la iglesia, pero debemos preguntarlo. Porque si recibimos mal el evangelio, entendemos mal el discipulado. O no lo "captamos" en absoluto.

Aclaración: Lo siguiente es una caricatura diseñada para enfatizar mi punto[38], pero este es el evangelio como se lo presenta en varios círculos:

Eres un pecador que se va al infierno. Dios te ama. Jesús murió en la cruz por tus pecados. Si crees en Él, puedes ir al cielo cuando mueras.[39]

Ahora bien, se puede decir mucho acerca de este "evangelio" (concretamente, no suena para nada parecido al evangelio que Jesús mismo predicaba, pero sigue leyendo...), pero todos los componentes de esta declaración son "bíblicos", aunque necesite matices desesperadamente. Lo creo. El problema no es que no sea cierto, sino que le están *faltando* piezas completas de verdad que son real y verdaderamente importantes. Simplemente no se acerca siquiera al cuadro completo de la salvación que encontramos en la predicación de Jesús o en los escritos del Nuevo Testamento. Y ha creado una clase de salvación con mínimos requisitos de ingreso.

Como puedes imaginar, hay serios problemas con esta visión de "salvación".

No hay garantía de que *puedas* ser un cristiano, pero no un aprendiz de Jesús y aun así "ir al cielo cuando mueras". Jesús nos advirtió: "No todo el que me dice: 'Señor, Señor', entrará en el reino de los cielos, sino solo el que hace la voluntad de mi Padre que está en el cielo".[40]

Incluso si pudieras (y no tengo más que esperanzas cuando se trata de la misericordia de Dios), te quedarías atascado en un ciclo contraproducente de pecado y vergüenza. Y nunca experimentarías la vida con Dios y la formación de una persona de amor que todos *anhelamos* en los tuétanos.

Se ha dicho mucho en la iglesia occidental acerca del perdón de los pecados, lo cual es bueno. El pecado, como exploraremos en las páginas siguientes, es *el* mayor obstáculo en la senda para convertirnos en una persona que exprese el amor. ¿Pero qué es el pecado? Regularmente decimos que la palabra "pecado" (en griego, *hamartia*) significa "errar al blanco".[41] Es cierto. Pero eso nos lleva a la pregunta: *¿cuál es el blanco?*

¿Es la perfección moral? ¿Es un registro completo ante el tribunal del cielo? ¿Es no quebrantar ninguno de los mandamientos que figuran en la Biblia?

¿Qué si el blanco fuera la unión con Dios? ¿Qué si fuera la sanidad de tu alma a través de participar en la vida interior de la Trinidad? ¿Qué si fuera la adopción en la nueva familia multiétnica del Padre a través de la obra salvadora de su Hijo Jesús? ¿Qué si es convertirse en la clase de persona que está tan empapada de amor, sabiduría y fortaleza que ha desarrollado la capacidad de eventualmente reinar con Jesús sobre el cosmos?

De ser así, este "evangelio" es un fundamento inadecuado sobre el cual construir una vida de aprendices que nos conduzca a una sanidad interior más profunda y la transformación general del cuerpo y el alma.

Y ahí radica la falla fatal: esta versión del evangelio *no tiene* un llamado a ser aprendiz de Jesús. Normalmente requiere que hagas una oración una vez, que creas una serie de doctrinas sobre Dios y que asistas a la iglesia, por lo cual te irás al cielo cuando mueras. Pero en un extraño giro, no necesariamente requiere una vida de aprendiz de Jesús en el aquí y ahora.

Cuando Jesús dijo que él "vino a buscar y a salvar lo que se había perdido",[42] ¿era esta la salvación que Él tenía en mente? Una rápida lectura de los evangelios indicaría que estamos subestimando todo lo que Jesús quiso para nosotros.

Para Jesús, la salvación es menos acerca de llevarte *al* cielo y más sobre llevar *el cielo a ti.*

No es *Él* volviéndose como *nosotros*, sino *nosotros* siendo transformados como *Él.*

Es menos una *transacción* y más una *transformación.*

No es solo acerca de lo que él ha hecho por nosotros, sino de lo que hizo, lo que está haciendo y lo que hará si somos sus aprendices.

Se trata de ser una persona que no solo es amada *por* Dios, sino que está empapada del amor *de* Dios.

No solo se trata de aceptar el mérito de su *muerte*, sino de recibir el poder de su *resurrección*.

Y no solo se trata de ti y de mí como *individuos*, sino de una nueva humanidad y la sanidad del *cosmos* mismo.

Pero, de nuevo, el problema con ese "evangelio" es este: *simplemente no suena como el evangelio que Jesús predicaba*. Escucha el resumen de Marcos del evangelio de Jesús:

> Se ha cumplido el tiempo —decía—. El reino de Dios está cerca. ¡Arrepiéntanse y crean las buenas noticias![43]

El evangelio de Jesús fue que la larga historia de Israel había alcanzado su clímax en Él, que había venido para reunir cielos y tierra e impulsar el reino de Dios, una sociedad saturada de Dios, de paz, justicia y amor. El mensaje central de Jesús fue que su reino inquebrantable está disponible *ahora* y para todos. Que todos, no importa quienes sean, de donde vengan o en qué etapa de la vida se encuentren, pueden entrar a su reino, pueden ser "bendecidos" o "felices" con Dios. Tú puedes tener esta clase de vida si pones tu confianza en Jesús para toda tu vida.

¿Esta es la forma en que entiendes el evangelio?

En el evangelio de Jesús, el llamado a convertirse en un aprendiz tiene perfecto sentido. Si el reino de Dios está "cerca", pero no es un reino con fronteras ni pasaportes —de hecho, ha estado "escondido" de "los sabios e instruidos"[44]—, entonces tiene sentido que necesitemos un entrenamiento serio sobre *cómo* acceder a esta extraordinaria sociedad nueva y acceder a la vida interior de Dios que ha sido hecha accesible a nosotros a través de Jesús. Necesitamos tener acceso a un nuevo poder para romper los viejos hábitos (que pertenecen al reino de este mundo) y convertirnos en lo que siempre debimos haber sido: gente de un nuevo reino. Querríamos aprender del mejor de todos: de Jesús. En síntesis: querríamos ser sus aprendices.

Una manera de juzgar la veracidad de nuestro evangelio es por esta simple prueba de fuego: ¿alguien que te escucha llegaría naturalmente a la conclusión de que ser aprendiz de Jesús es la única respuesta posible?

Se ha dicho bastante sobre el crecimiento del cristianismo de consumo en las últimas décadas; sin embargo, se ha dicho mucho menos de su posible conexión con la forma en que se ha predicado el evangelio. La relación de algunos cristianos occidentales con el evangelio es *pasiva*. A menudo se nos dice: "No se trata de lo que hagas, se trata de lo que Jesús *ha hecho por ti*". Pero es una dicotomía falsa y ese lenguaje no ha sido usado por ninguno de los escritores del Nuevo Testamento. Pareciera que la iglesia occidental algunas veces ha tenido más cuidado de evitar las "obras de la ley" que de evitar el pecado.

No me malinterpretes: los evangelios están repletos de historia tras historia de *compasión y amor*. En las parábolas de Jesús, somos los sirvientes a quienes el rey les perdonó la deuda millonaria; el hijo pródigo que es recibido con un banquete luego de despilfarrar la herencia de su padre; el mendigo afuera de la puerta que está sentado a la mesa de Abraham como invitado de honor. Siempre ha sido gracia, pura gracia.

Pero Jesús no andaba por ahí despreciando el esfuerzo personal. Como dice el refrán: "La gracia no es contraria al *esfuerzo*, es contraria a *ganarse* algo".[45] No mezcles las cosas.

Jesús terminó su Sermón del Monte con este famoso clímax: "Pero todo el que me oye estas palabras y no las pone en *práctica* es como un hombre insensato que construyó su casa sobre la arena. Cayeron las lluvias, crecieron los ríos, soplaron los vientos y azotaron aquella casa. Esta se derrumbó, y grande fue su ruina".[46]

¿Puedes imaginar que Jesús, para controlar toda ansiedad soteriológica, agregara inmediatamente después: "Pero no se preocupen, estoy por hacer todo esto por ustedes; así no necesitarán hacer nada, porque eso sería justicia basada en obras y eso es malo".?

Es inimaginable que Jesús pudiera decir algo así. Lamentablemente, este trágico malentendido de la salvación puede producir "consumidores del mérito de Jesús en vez de discípulos del Camino de Jesús".[47]

Un camino de vida

El nombre original de la comunidad de los aprendices de Jesús era "el Camino" o "seguidores del Camino".

Hechos 9:2: "[Saulo] tenía la intención de encontrar y llevarse presos a Jerusalén a todos los que pertenecieran al Camino...".

Hechos 19:23: "Por aquellos días se produjo un gran disturbio a propósito del Camino".

Hechos 24:14: "...adoro al Dios de nuestros antepasados siguiendo este Camino...".

Estos son solo algunos ejemplos. La palabra griega para "camino" es *modos*. El vocablo literalmente significa ruta o sendero, pero Jesús lo usó como metáfora de ser su aprendiz. En esta imagen gráfica hay una simple pero revolucionaria idea: el Camino de Jesús no es solo una teología (o un conjunto de ideas que creemos en nuestra cabeza). *Es* eso, pero hay algo más. Y no es solo una ética (una lista de lo que hacer o no hacer para obedecer). Es eso, pero *todavía* hay más.

Es exactamente como suena, un *camino de vida*.

Una forma de parafrasear la invitación de Jesús a seguirlo es: "adopta mi estilo de vida para experimentar la *vida* que tengo para ofrecerte". Amo esta frase del obispo ortodoxo oriental, Kallistos Ware:

> El cristianismo es más que una teoría acerca del universo, más que enseñanzas escritas en un papel; es una senda por la cual transitamos, en el más profundo y rico de los sentidos, el camino de vida.[48]

A menudo en la iglesia se habla mucho acerca de lo que hay que creer y de lo que está bien y está mal, en lo cual coincido, pero se dice *tan poco* acerca del estilo de vida que conduce a la vida con Dios. Con todo, el *estilo de vida está donde está el dinero.*

Jesús célebremente dijo:

> Yo soy el camino, la verdad y la vida.[49]

La gente lee erróneamente esto como una declaración sobre el debate actual acerca de quién está dentro o fuera, o quién va al cielo o al infierno, pero no es probable que Jesús estuviera queriendo decir nada de eso. Es mucho más probable que estuviera diciendo que la unión entre su verdad (o de sus enseñanzas) y su Camino (o su estilo de vida) nos dará la vida-con-Dios que él nos ofrece.

Como dijo una vez el pastor presbiteriano Eugene Peterson: "La verdad de Jesús, solo cuando se une al Camino de Jesús, produce la vida de Jesús". Luego concluyó: "Jesús como verdad atrae más atención que Jesús como camino. Jesús como camino es la metáfora más evadida entre los cristianos con los cuales he trabajado por cincuenta años como pastor en Norteamérica".[50]

Hay un camino de vida —personificado por Jesús mismo— que está mucho *más allá* de lo que ofrece este mundo. Puede abrirte a la presencia y el poder de Dios en maneras que la mayoría de las personas sueñan. Pero requiere que sigas un sendero marcado para ti por el propio Jesús. Él también dijo:

> Entren por la puerta estrecha. Porque es ancha la puerta y espacioso el camino que conduce a la destrucción, y muchos entran por ella. Pero estrecha es la puerta y angosto el camino que conduce a la vida, y son pocos los que la encuentran.[51]

Una interpretación de esta enseñanza es que solo unas pocas personas "van al cielo cuando mueren" y todos los demás están en el tren que conduce a la cámara de tortura eterna. Aquí hay una interpretación diferente que me parece más convincente: el Camino de Jesús es angosto, que quiere decir, que es *un modo muy específico de vivir*. Y si lo sigues, te conducirá a la *vida*, tanto en esta era como en la venidera.

El camino "ancho" es el de la mayoría de la cultura, que es tan simple como burdo: *sigue a la multitud y haz todo lo que quieras*. Miles de millones de personas viven de este modo, pero eso no los lleva a la vida; en cambio, a menudo los conduce a la destrucción. Da lugar a incontables historias de gente desmoronándose y nunca alcanzando su promesa o potencial. Lo que Jesús llamó "vida eterna", describe no solo *cantidad* sino *calidad* de vida. Esta vida eterna es una nueva forma de ser humanos a través de la unión con Dios, comenzando ahora y extendiéndose sobre el horizonte de la muerte hasta la eternidad.

Jesús estaba constantemente ofreciéndole su vida a todos los que quisieran seguirlo. "Yo he venido para que tengan vida, y la tengan *en abundancia*".[52] Tanta vida que desborda. Tanta, que nuestra copa "rebosa".[53]

Pareciera que siempre es una minoría la que responde sí a la invitación de Jesús. Pero tú puedes ser uno de esos pocos afortunados, un aprendiz de Jesús. Su asombroso ofrecimiento de vida está disponible *para todos*.

Alguien significa *cualquiera*

Jesús a menudo se ponía de pie frente a una gran multitud y hacía esta invitación:

> Si alguien quiere ser mi discípulo —les dijo—, que se niegue a sí mismo, tome su cruz y me siga.[54]

Observa cómo comienza: "si alguien". Eso sería impresionante para los que escuchaban a Jesús. ¿Recuerdas lo que hablamos anteriormente acerca de cómo los mejores *de los mejores* llegaban a ser aprendices de un rabino? Al igual que un estudiante de una universidad de elite, los rabinos eran altamente selectivos con aquellos que aceptaban como estudiantes, porque la calidad del estudiante reflejaba la calidad del maestro. Como regla general, un rabí nunca se arriesgaría a ser rechazado; en todo caso era él quien rechazaba.

El rabino Jesús no.

Alguien.

Y alguien significaba *cualquiera*. Un pescador, un zelote, un recolector de impuestos, incluso un traidor. Un devoto de la Torá o un trabajador sexual. Un fanático religioso o una mujer atrapada en el acto de adulterio. La elite intelectual o un mendigo ciego al costado del camino. *Todos* fueron invitados por Jesús para ser sus aprendices en la vida del reino de Dios.

Y nada ha cambiado a pesar del tiempo. *Todavía* siguen siendo invitados. No importa quiénes seamos ni qué hayamos hecho. El oprimido y el opresor. El que asciende en la escala social y el que está clavado en la pobreza. El erudito y el que abandonó los estudios. El saludable al extremo y el adicto. El sano mentalmente y el enfermo mental. El virgen y el promiscuo. El casado, o divorciado o vuelto a divorciar. El muy religioso y el apartado. Lleno de fe o atormentado por la duda.

Alguien significa *cualquiera*.

Ahora finalmente estamos listos para regresar a la pregunta con la que iniciamos la primera parte: ¿qué impulsaría a Simón a dejar sus redes en la arena, dejar su negocio y seguir a Jesús, todo en un instante?

"¿Estás bromeando?", seguramente pensó. "¡Esta es la oportunidad de mi vida!".

Permíteme darme la licencia de hacer una burda readaptación a nuestro tiempo. Imagina que siempre soñaste con ser profesor, pero tuviste que abandonar los estudios. Querías con desesperación ir a la universidad, pero no pudiste ingresar, y tu familia necesitaba que abandonaras tus sueños para ayudar a pagar las deudas. Ahora imagina que estás trabajando en un servicio de comida que no tiene futuro: un salario bajo, y días largos y monótonos. Un día estás detrás de la caja registradora mirando tu reloj, cuando un profesor mundialmente conocido de una universidad prestigiosa entra por la puerta para hacer una parada técnica en su paseo turístico-académico. De repente te mira y te dice: "Si vienes conmigo ahora mismo, podrás ser mi alumno. Te daré una beca completa. Podrás vivir y estudiar conmigo. Te enseñaré todo lo que necesitas saber y te daré acceso a todos mis materiales de estudio. Creo que tú tienes la capacidad de hacer un día lo que yo hago. Será lo más difícil que te haya tocado hacer en tu vida, pero te dará dividendos que nunca podrás imaginar".

¿Qué harías? Lo que toda persona en su sano juicio haría: arrojar tu delantal, hacer un bailecito escocés y salir corriendo por la puerta detrás de él.

Simón y Andrés era pescadores. Piénsalo por un instante: eso significa que ellos *no calificaron* para el programa de aprendices. *No eran* los mejores de los mejores; eran lo que enviaron de vuelta a casa "para hacer bebés y orar para convertirlos en rabinos".

Pero Jesús los invita a ser sus aprendices.

Antes de que creyeran en Jesús, Él creía en ellos.

Nunca hice el intento de leer *El conde de Montecristo*,[55] un tomo de mil seiscientas páginas de Alexandre Dumas, pero la película interpretada por Jim Caviezel es una de mis favoritas. Hay una escena que me encanta, donde el personaje de Caviezel, Edmund Dantes, es traicionado por su mejor amigo e injustamente encarcelado en la prisión de la isla, el castillo de If. Muchos años después de su sufrimiento, se forma una amistad extraña con Abba Faria, un compañero de prisión y sacerdote. Dantes se siente atraído por el sacerdote, pero es rechazado por su fe en Jesús. Con su último aliento, Abba Faria le dice a Dantes que no use el tesoro como venganza, porque "Dios dice: 'Mía es la venganza'".

"Yo no creo en Dios", replica Dantes.

Luego viene la inolvidable línea del sacerdote: "Eso no importa, Él sí cree en ti".[56]

Hablamos bastante acerca del llamado a creer en Jesús y a poner nuestra confianza en Él para llevar adelante la vida. Esto es bueno y correcto. Pero también hay que decir que *Jesús cree en ti*. Él cree que puedes convertirte en su aprendiz. Comenzando justo en donde estás, puedes seguirlo hacia una vida en el reino que satisfaga tus anhelos más profundos.

Él cree que puedes vivir bajo la mirada amorosa del Padre; que puedes convertirte en la clase de persona que está, al igual que el Padre, llena de amor, de gozo, paz, paciencia y bondad. Puedes crecer hasta convertirte en alguien feliz, incluso en momentos de gran sufrimiento. La clase de persona que no le teme al sufrimiento y tampoco le teme a la muerte. Alguien libre de esa necesidad emocional de que las cosas salgan del modo que queremos. Puedes consumar tu propósito. Incluso puedes aprender a hacer algunas de las maravillosas cosas que Jesús hizo. Alguien que puede ver las señales del reino manifestarse en su vida cotidiana.

Es posible, después de todo.

Pero no es *inevitable*.

No sucede por accidente. No hay santos por casualidad. No se trata simplemente de levantar tu mano al final de un sermón. Hay altos requisitos de ingreso: requerirá que organices toda tu vida en torno a seguir a Jesús como tu indiscutible prioridad, por encima de tu trabajo, de tu dinero y tu reputación: por encima de todo. Sin embargo, todas estas cosas encontrarán su justo lugar una vez que estén integradas a la vida de ser aprendiz.

Esta vida puede ser *tu* vida.

Todo lo que tienes que hacer es dejar tus redes y seguirlo...

Meta #1
Estar con Jesús

Hace unos años, un sacerdote jesuita, el padre Rick, fue tan amable como para ofrecerme dirección espiritual. Era de edad avanzada, sabio y lleno de perspicacia, pero lo que más recuerdo de nuestros momentos juntos era lo tranquilo que era. Cuando estaba con él, literalmente sentía que mis pulsaciones bajaban, mi cuerpo se calmaba y se disipaba la ansiedad. Era como si él estableciera la atmósfera del lugar, de tal forma que respirar el mismo aire me limpiaba el alma.

Solo el hecho de estar *con* él hacía algo *en* mí.

No es sorprendente el hecho de que Jesús comenzara la formación de sus aprendices solamente llamándolos "vengan y síganme", para caminar juntos el Camino. En Juan 1, Jesús simplemente invitó a Andrés y sus amigos a "venir a ver" dónde vivía. "Ellos fueron, pues, y vieron dónde se hospedaba, y aquel mismo día se quedaron con él".[1]

En Lucas 10:39 leemos de una aprendiz llamada María que estaba "sentada a los pies del Señor" y "escuchaba lo que él decía".[2]

En Marcos 3 Jesús "llamó" a sus discípulos, "los cuales se reunieron con él". Habrá sido un grupo de docenas o cientos de seguidores que pasaban mucho tiempo con Jesús. Del gran gentío de discípulos, Jesús eligió a doce para darles un entrenamiento especial, y Marcos aclara que él lo hizo "para que estuvieran con él".[3] Esta es la primera y principal meta del discipulado de Jesús: estar *con* Él, pasar cada momento consciente de su presencia y atento a su voz. Cultivar la compañía con Jesús como base para tu vida entera.

Seguir a Jesús *no es* una fórmula de tres pasos —estar con Él, ser como Él, etc.— *sino* más bien una secuencia. No es un programa, sino una progresión. Primero, debes venir a estar con Jesús; gradualmente comenzarás a transformarte a su imagen, a ser como Él. Eventualmente, es algo que no puedes evitar, y comienzas a hacer la clase de cosas que Él hizo en este mundo. Lo ves en las historias de los discípulos originales. Pasaron meses o años, quizá, solamente siguiéndolo por todo Israel y sentándose a sus pies, y *muy* lentamente comenzaron a cambiar, hasta que "los envió a predicar".[4]

Si eres nuevo en esto de seguir a Jesús y estás pensando: "¿Por dónde empiezo?" Empiezas aquí, con la Meta # 1: estar con Jesús. Pero ¿cómo sería exactamente eso mismo ahora? Quiero decir, el "sígueme" no era una metáfora cuando salió originalmente de los labios de Jesús. Era literal, como en "estoy yendo hacia el este junto al Wadi Qelt hacia Jericó. Camina detrás de mí". Pero no podemos reservar un vuelo a Tel Aviv, rentar un auto y salir a buscar a Jesús por las montañas para sentarnos a sus pies.

Entonces ¿cómo estamos *con* Él?

"Permanezcan en mí"

La noche anterior a su muerte, Jesús les hizo una promesa enigmática a sus seguidores:

yo, por mi parte, rogaré al Padre para que les envíe otro Abogado que esté siempre con ustedes.[5]

La exégesis breve: la frase "otro abogado" es difícil de traducir al español. La palabra griega para "otro" es ἄλλος (*allos*) y significa literalmente "otro de la misma clase"[6] u "otro de mí"; y la palabra usada para "abogado" es παρά-κλητος (*paracletos*), y puede traducirse como "ayudador" o "intercesor".[7] Entonces ¿el Padre nos dará otro Jesús? ¿Para estar con nosotros? ¿Para ayudarnos intercediendo por nosotros?

Exacto.

Unas oraciones más tarde, Jesús le puso nombre a este misterioso "otro yo" y le llamó "Espíritu Santo".[8] Traducción: avanzar del modo en que los aprendices de Jesús han de "estar con Él" se logra a través del Espíritu Santo.

Ahora bien, algo más de teología breve: en la biblioteca de las Escrituras, el Espíritu Santo no era una fuerza etérea como en *Star Wars* o un mar eterno de no-ser como en el misticismo oriental, o un lindo sentimiento que tienes cuando oras. En las enseñanzas de Jesús, el Espíritu es un "Él" y no un "esto". Eso no significa que el Espíritu sea varón, pero significa que es una *persona*. En todas las enseñanzas de Jesús, lo que llamamos "Dios" es, en una forma misteriosa pero bella, un caudal de amor entre el Padre, el Hijo y el Espíritu Santo. Dios es una comunidad de amor recíproco; cada "miembro de la Trinidad", como le llaman los teólogos, es distinto, pero a la vez de algún modo siguen siendo uno. Estar con el Espíritu *es* estar con Jesús, y estar con Jesús es estar con el Padre. Es entrar en el flujo de amor de la vida interior de Dios mismo.

Regresemos a la historia. La Meta #1 de los aprendices de Jesús es vivir en ese momento a momento de la corriente de amor que ocurre dentro de la Trinidad. Nuevamente, si hay un lugar por donde comenzar, es aquí. Pero Jesús les dio a sus aprendices más que una promesa: les dio la práctica. Un momento más tarde, les dio la enseñanza que es en esencia un tutorial de "cómo estar con Él". Podríamos titularlo "El modelo de Jesús para la formación espiritual". Él usó la metáfora de una viña y la necesidad de que la rama "permanezca en la vid" para poder "llevar mucho fruto". En esta metáfora, Jesús es la vida y los aprendices son las ramas.

Entonces les dio estas instrucciones:

Permanezcan en mí, y yo permaneceré en ustedes.[9]

El término "permanecer" es *meno* en griego; puede traducirse como "quedarse" o "estar" o "habitar" o "hacer tu morada en".[10] Podríamos traducirlo así: "Hagan su hogar en mí y yo haré mi hogar en ustedes". Jesús empleó la palabra *meno* no una sino *diez veces* en esta breve enseñanza. Él está enseñando un punto clave: haz tu morada en mi presencia por medio del Espíritu, y nunca la abandones. Ahora, si esto te suena como algo para las monjas o los sacerdotes, no como el resto de nosotros que estamos ocupados criando nuestros hijos o viviendo en una ciudad o siendo responsables de una bandeja de entrada, permíteme aclarártelo: *Jesús no te está pidiendo que hagas nada que no estés haciendo.*

Todos nosotros estamos "permaneciendo".

La cuestión no es: ¿Estás permaneciendo?

Es, más bien: *¿En qué* estás permaneciendo?

Todos nosotros tenemos una fuente a la que estamos arraigados; una clase de configuración predeterminada a la que regresamos. Un hogar emocional. Es adonde nuestra mente se dirige cuando no está ocupada con tareas; donde nuestros sentimientos acuden cuando necesitan consuelo; donde nuestro cuerpo va cuando tiene tiempo libre; donde va nuestro dinero después de que pagamos las cuentas.

Construiremos un hogar en algún lugar; la pregunta es "¿dónde?".

Y esto importa porque dondequiera que "permanezcamos", eso determinará el "fruto" de nuestras vidas, para bien o para mal.

Si estamos arraigados en el *scroll* infinito de las redes sociales, eso *nos formará*; muy probablemente nos volveremos personas airadas, ansiosas, arrogantes, simplistas y distraídas.[11]

Si tenemos nuestra raíz en la interminable fila de nuestra plataforma favorita de *streaming*, nos volverá personas codiciosas, inquietas, aburridas, nunca presentes a lo que *es*...

Si estamos arraigados en la búsqueda del hedonismo —otro trago, otra fumada, otra aventura sexual para quitarnos el dolor y hacernos encontrar un momento de paz— eso nos formará también, probablemente terminaremos convirtiéndonos en personas compulsivas, adictas, que huyen del dolor y, simultáneamente, de la sanidad.

Agrega los ejemplos que tú quieras *ad nauseum*.

Pero, si tu raíz está plantada en la vida interior de Dios... eso también nos formará. Lentamente crecerá "el fruto del Espíritu" en nuestra vida: "amor, alegría, paz, paciencia, amabilidad, bondad, fidelidad, humildad y dominio propio".[12]

¿Dónde está tu hogar emocional? ¿A dónde regresas en tus momentos de calma? ¿A dónde vas para hallar descanso, consuelo y gozo? ¿Cómo sería para ti hacer tu hogar en Dios?

Para que quede claro, no se trata de refugiarse en un monasterio, sino de aprender a estar siempre en dos lugares a la vez...

Tomar tu desayuno, estando con Jesús...

Luchar con el tráfico matutino, estando con Jesús...

Cambiar *otro* pañal, estando con Jesús...

Revisar tu bandeja de entrada, y todavía estando con Jesús...

Cocinar la cena para tu familia o amigos, y descansando tu corazón en Jesús...

Ser aprendiz de Jesús tiene que ver con convertir tu cuerpo en un templo, un lugar de coexistencia entre el cielo y la tierra, una señal por adelantado de lo que un día Jesús hará por el cosmos entero, cuando el cielo y la tierra por fin sean reunidos en un solo lugar. Esta es la oportunidad más extraordinaria en todo el universo, para dejar que tu cuerpo sea el hogar de Dios. Y está ante ti cada día.

Jesús llamó a este estilo de vida "permanecer", pero los santos y sabios han utilizado toda clase de lenguaje a lo largo de la historia para capturar la extraordinaria posibilidad de esta invitación.

Pablo le llamó "orar sin cesar".[13]

La franciscana[2] española Santa Juana de la Cruz lo llamó "amor silencioso". Y animaron a sus lectores a "permanecer en atención amorosa a Dios".

Madame Guyon, la mística francesa, lo llamó "el acto de continua permanencia interior".

Los antiguos cuáqueros lo llamaban "centrarse hacia abajo",[14] como si permanecer fuera estar en contacto con el cimiento de toda realidad.

El director espiritual jesuita, Jean-Pierre de Caussade, lo denominó "el sacramento del momento presente", como si cada momento con Dios fuera su propia eucaristía, su propio banquete ambulante.[15]

A. W. Tozer le decía su "comunión habitual y consciente" y expresó: "En el centro del mensaje cristiano está Dios mismo esperando que sus hijos redimidos busquen fervientemente la conciencia de su presencia".[16]

Willard amaba llamarlo "la vida con Dios".[17]

Tantos santos con tantos términos para la vida de permanencia en Jesús. Pero mi favorito indiscutible es de un monje de nombre Hermano Lorenzo, que llamaba a esta clase de vida "la práctica de la presencia de Dios".[18]

---

[2] Santa Juana de la Cruz perteneció a la Orden Tercera Seráfica, orden franciscana, aunque tuvo estrecha relación con las carmelitas y a veces se le menciona como tal.

Me encanta la denominación del Hermano Lorenzo, porque está enlazada a una profunda pero honesta verdad: tan linda como suena la *idea* de estar con Jesús, no es otra cosa que un sentimentalismo espiritual vacío hasta que aceptamos que el permanecer *no es una técnica* mediante la cual controlar nuestra relación con Dios, *sino que es una habilidad*. Y, al igual que todas las habilidades, se necesita *práctica* para llegar a dominarla.

Convierte a Dios en un hábito

Cuando te despiertas por la mañana para comenzar el día, ¿a dónde va tu mente naturalmente? Cuando apoyas tu cabeza en la almohada después de un largo día, ¿cuáles son tus pensamientos finales antes de dormirte? En los pequeños espacios a lo largo de la jornada —esperando en la fila para comprar tu café, varado en el tráfico, sentado comiendo— ¿dónde termina tu mente "sin pensar" en ello?

Seamos sinceros: para la mayoría de nosotros, no es a Jesús a donde dirigimos el pensamiento. Es a nuestras faltas y necesidades, nuestros temores, nuestras heridas, lo que se conoce como el pensamiento negativo. Las mentes que no son dirigidas a un rumbo tienden al caos, o lo que el psicólogo Mihaly Csikszentmihalyi llamó "entropía psíquica".[19]

Sobre esto, la espiritualidad cristiana antigua y la neurociencia más vanguardista coinciden: la mente puede ser reentrenada, ya sea que lo llamen "neuroplasticidad" o "la práctica de la presencia de Dios", la poderosa verdad sigue en pie: nuestras mentes no tienen que vivir en una espiral negativa; pueden ser reentrenadas para "permanecer", para vivir en la presencia de Dios.

El monje que acuñó la frase "la práctica de la presencia de Dios" no era un sacerdote; era un lavacopas en un monasterio en París en el siglo diecisiete. El Hermano Lorenzo tenía como máxima ambición de su vida experimentar a Dios en el caos de la cocina, con todos sus ruidos, distracciones y trabajo.

Hacia el final de su vida dijo:

> Para mí no hay ninguna diferencia entre el tiempo de trabajar y el tiempo de orar; y en el ruido y estruendo de mi cocina, mientras que muchas personas están a la vez pidiendo diferentes cosas, yo poseo a Dios en una tranquilidad tan grande como si estuviera de rodillas ante el bendito sacramento.[20]

Toma nota: él es *católico*. El "Bendito Sacramento" (lo que los protestantes llaman "la Cena del Señor") era el momento *más santo* de la vida espiritual. Pero el Hermano Lorenzo había llegado a un lugar en que *toda* su vida era santa; ya no había diferencia entre la silenciosa oración matutina y el caos auditivo de la preparación para la cena. La vida era de una pieza, un todo integrado, anclado en la presencia de Dios.

Leemos un lenguaje similar del escritor cuáquero Thomas Kelly:

> ¿Cómo, entonces, viviremos la vida de oración sin cesar? Mediante una práctica serena y persistente al volver todo nuestro

ser, noche y día, en oración y adoración y rendición interior hacia Aquel que nos llama en la profundidad de nuestra alma. Deben establecerse hábitos mentales de orientación interna.[21]

Ahí está otra vez: por medio de la "práctica persistente" y de los "hábitos mentales". A través de la práctica podemos entrenar la mente para descansar en Dios en medio del desorden de la vida, pero no sin el recurso del hábito.

Si esta vida de pasar tiempo con Jesús requiere "práctica" tanto como la exigía en los 1600 —cuatro siglos antes del iPhone—, ¡cuánto más ahora!, en la era de la contaminación sonora urbana y las distracciones digitales de las alertas incesantes, notificaciones y un "ecosistema de tecnologías de interrupción".[22] No sucederá por sí solo. Pero, escucha, *puede* suceder si lo practicas. Déjame compartir contigo esto de Dallas Willard:

Lo primero y más básico que podemos y debemos hacer es mantener a Dios delante de nuestras mentes. Este *es el* secreto primordial del cuidado de nuestras almas. Nuestra parte en cuanto a sentir la presencia de Dios es dirigir y redirigir constantemente nuestras mentes hacia Él. En el primer momento de nuestra experiencia bien podríamos ser desafiados por nuestros hábitos excesivos de hacer otra cosa excepto buscar a Dios [es decir, podemos distraernos constantemente por millones de otras cosas]. Pero esos son hábitos —no así la ley de gravedad—, se pueden romper. Un hábito nuevo y lleno de gracia reemplazará a los antiguos a medida que damos pasos intencionales para mantener a Dios ante nosotros. Pronto nuestras mentes regresarán a Dios como la aguja de una brújula constantemente regresa al norte. Si Dios es el gran anhelo de nuestra alma, se convertirá en la estrella polar de nuestro ser interior.[23]

Me fascina la imagen de Willard de la brújula que "constantemente regresa al norte". Podemos acostumbrar a nuestras mentes, lo que los científicos definen como la atención dirigida (aquello en lo que nos enfocamos), a regresar constantemente a Dios...

Está hablando acerca de convertir a Dios en un hábito.

Lo que Willard y todos esos maestros espirituales del Camino están diciendo es que, a través del *hábito*, podemos co-crear con Jesús una mente que esté centrada en Dios a lo largo de todo el día. Podemos decir junto con el salmista: "Al Señor he puesto siempre delante de mí".[24] O con Pablo, "Concentren su atención en las cosas de arriba".[25]

Cada vez que tomas un respiro mental en la agitación de tu vida —esa milésima de segundo después de que pulsas la tecla de enviar ese correo electrónico, o cuando llegas a un semáforo en rojo, o esos primeros pensamientos conscientes del día— a través de la práctica deliberada, puedes entrenar tu mente para regresar a Dios, regresar a Dios, *regresar a Dios*...

Eventualmente tu mente, y a través de ella, tu cuerpo entero y tu alma, se anclará en Dios y "permanecerá" en Él. Incluso en el ruido y el caos del mundo moderno, con su tráfico, con sus reuniones a las que hay que asistir, bebés que alimentar, incluso en medio de todo ese caos, puedes desarrollar una mente que está arraigada en Dios. Si la mente es una especie de portal para el alma, y si "te conviertes en aquello que contemplas", como dice tan bellamente

Hwee Hwee Tan,[26] entonces pocas cosas pueden ser tan importantes. De hecho, nuestro destino puede pender de la balanza.

Yo reconozco que convertir a Dios en un hábito puede sonar tan inspirador como convertir en hábito un romance, la risa o la poesía. En una cultura que iguala la autenticidad con emociones espontáneas,[27] el hábito no tiene buena prensa. Pero muéstrame los hábitos de una persona y yo te mostraré lo que verdaderamente le apasiona, a lo que más le dedica tiempo, por lo que está más dispuesto a sufrir, de lo que más está enamorado. Y te mostraré también en lo que se convertirá esa persona.

Lo repito: cuando tienes esa fugaz pausa mental, ese bendito espacio en blanco de pensamiento, ¿adónde se dirige tu mente? ¿Va a Dios? ¿Al amor del Padre derramándose sobre ti en Cristo y por el Espíritu que está dentro tuyo hacia todos los que te rodean?

Si no es así, puede serlo. *La mente humana es mucho más moldeable de lo que la mayoría de nosotros creemos.* Puede ser cambiada en una nueva configuración, un nuevo punto de partida. A una nueva orientación hacia Dios.

Antes que el neurocientífico Dr. Donald Hebb dijera célebremente que "Las neuronas que disparan juntas, seguirán conectadas juntas" (y desde allí se le llamó "la regla de Hebb"), A. W. Tozer había dicho que cuando "centramos la dirección de nuestros corazones hacia Jesús", algo milagroso ocurre en nuestro ser interior: "Un hábito del alma es formado, y se convertirá después de un tiempo en una clase de reflejo espiritual que no exigirá más esfuerzo consciente de nuestra parte".[28] O como el misionero Frank Laubach testificó: "Esta simple práctica requiere apenas de una leve presión de la voluntad, no más de la que una persona puede ejercer con facilidad. *Se hace cada vez más fácil a medida que se fija el hábito*".[29]

Yo no soy un maestro espiritual, pero luego de practicarlo por más de una década, puedo confirmar sus hipótesis de experiencia personal: se hace cada vez más fácil. Comienzo cada mañana con oración y tengo un ritmo diario de oración por el que vivo, y al igual que la mayoría de la gente, paso largos tramos de mi día absorbido por el apuro y la distracción, pero cuando bajo la velocidad, cuando mi mente empieza a descansar, cada vez más encuentro que mi consciencia regresa de manera natural al "hogar" con Dios.

Si te propones hacer esto, los primeros días de "practicar la presencia de Dios" probablemente serán difíciles y aleccionadores, pero aun así gozosos. Difíciles porque constantemente *todos* nos olvidamos de Dios y nos quedamos atascados otra vez en la vorágine de la vida; aleccionadores, por la misma razón; pero llenos de gozo y felicidad cuando comencemos a avanzar hacia el anhelo más profundo de nuestra alma: el deseo por Dios. Con el tiempo, las conexiones del cerebro comenzarán a cambiar, a sanar de su ruptura con nuestro Hacedor. Se formarán nuevos circuitos neuronales. Cuanto más oramos, más *pensamos* en orar. Lo que primero sentíamos que era casi imposible, finalmente será tan sencillo y natural como respirar.

Hay muchas cosas que *no podemos* hacer en nuestra formación espiritual; no podemos "repararnos", sanarnos o salvarnos a nosotros mismos. Pero sí podemos hacer una cosa: estar con Jesús, pasar tiempo con Él. Podemos hacer una breve pausa en algunos momentos del día y volver nuestro corazón a Jesús en oración silenciosa y amor.

Puedes hacerlo si estás dispuesto a *practicarlo*. Como aprendices de Jesús, tú y yo tenemos tanto la *habilidad* como la *responsabilidad* de fijar nuestras mentes en Él, de dirigir la mirada interior de nuestro corazón hacia su amor. De mirarlo, mientras Él nos mira, en amor...

"Yo lo miro, Él me mira, y somos felices"

La directora espiritual Marjorie Thompson cuenta la historia de una conversación entre un sacerdote del siglo XVIII y un campesino anciano que se sentaba solo por largas horas en la tranquilidad de la iglesia. Cuando el sacerdote le preguntó al campesino qué hacía, el anciano respondió simplemente: "Yo lo miro, Él me mira, y somos felices".[30]

Esta es la cúspide de la espiritualidad cristiana. San Ignacio de Loyola una vez llamó a Dios "Amor amoroso".[31] Al hacerlo, habló por los millones de contemplativos a lo largo de la historia que se han encontrado sentados en el silencio, permitiendo que Dios los ame hasta la experiencia más gozosa que uno puede experimentar de este lado de la eternidad; en efecto, es una especie de degustación de la eternidad.

El escritor ortodoxo del siglo XIV Kallistos Katafugiotis lo dijo con audacia:

Lo más importante que ocurre entre Dios y el alma humana es amar y ser amado.[32]

¿Lo crees? ¿Crees que *la* cosa más importante en toda la vida es amar y ser amado por Dios?

Podemos ser engañados en creer que permanecer no es otra cosa que higiene mental para la corteza prefrontal; la versión cristianizada de "piensa pensamientos felices". Y aunque la curación de nuestra conciencia desde lo bueno, bello y verdadero es vital para nuestra formación, permanecer no se trata de nuestra actividad mental o incluso de nuestra vida emocional. Se trata de un nivel de comunión con Jesús que va *más allá* de nuestros pensamientos y sentimientos. Se trata de *amor*.

Los maestros del Camino de Jesús por mucho tiempo lo han llamado "contemplación". La palabra "contemplación" tiene diferentes significados en diferentes tiempos de la historia de la iglesia, pero en su sentido más básico, solo significa *mirar a Dios, que te mire a ti, en amor.* La palabra "contemplación" en el contexto del Nuevo Testamento, surge de un pasaje clave en la segunda carta de Pablo a los corintios:

> Pero nosotros todos, con el rostro descubierto, *contemplando* como en un espejo la gloria del Señor, estamos siendo transformados en la misma imagen de gloria en gloria…[33]

El término "contemplar" utilizado aquí es κατοπτρίζω (*katoptrizo*), que significa "mirar fijamente" u "observar". "Contemplar la gloria del Señor" es dirigir la mirada interior a la comunidad trinitaria de amor. Como expresa David: "contemplar la hermosura del Señor".[34] Según el grado en que lo hagamos, seremos "transformados a su imagen". Es decir, nos convertimos en aquello que contemplamos: Jesús. Con una gloria que aumenta constantemente, es decir, nos volvemos cada vez más hermosos, como Jesús, con el paso del tiempo, a través de una contemplación sencilla y diaria.

Llegaremos enseguida a la Meta #2, "ser como Jesús", pero permíteme darte un anticipo: la pregunta para la Meta #1, "estar con Jesús", fue *¿cómo* estamos con Jesús? Y la respuesta fue, básicamente, permanecemos en la vid; vivimos arraigados en una conexión relacional con Jesús por medio del Espíritu Santo. La pregunta para la Meta #2 no es del todo diferente: *¿cómo* nos volvemos como Jesús? Una respuesta completa llevaría todo un libro,[35] pero la versión resumida es: a través de la contemplación. Dejamos que Dios nos ame hasta transformarnos en personas de amor.

Como regla general, nos convertimos en personas más amorosas *experimentando* el amor, no solo oyendo sobre él en un discurso o leyéndolo en un libro. La premisa básica de los psicólogos es que amamos en la medida en que hemos sido amados. Por esta razón, dar y recibir amor como adultos es mucho más sencillo para aquellos que fueron amados por sus padres o cuidadores en la niñez. Habiendo dicho eso, también cabe decir que ninguna familia de origen es tan saludable como para transformarnos en la clase de amor que vemos en Jesús, y *ninguna familia es tan disfuncional como para impedirnos convertirnos en personas amorosas en Jesús.* Todos nosotros tenemos el potencial para crecer y madurar hasta ser personas de *ágape*. Pero para eso, tenemos que *experimentar* el amor de Dios. Pienso en la oración de Pablo por los efesios:

> Le pido que, por medio del Espíritu y con el poder que procede de sus gloriosas riquezas, los fortalezca a ustedes en lo íntimo de su ser para que, por fe, Cristo habite en sus corazones. Y pido que, arraigados y cimentados en amor, puedan comprender, junto con todos los santos, cuán ancho y largo, alto y profundo es el amor de Cristo; en fin, que conozcan ese amor que sobrepasa nuestro conocimiento, para que sean llenos de la plenitud de Dios.[36]

¡Qué frase es "Conocer ese amor que sobrepasa nuestro conocimiento"! Pablo no se oponía a lo intelectual ni de casualidad. Pero también estaba al tanto de las limitaciones de la mente. No podemos meramente conocer *acerca* del amor de Dios; tenemos que conocer *el* amor de Dios,[37] *experimentarlo* en "lo íntimo" de nuestro ser, si hemos de ser transformados en personas amorosas.

Y en el paradigma de Pablo, la transformación ocurre cuando "contemplamos", cuando observamos, cuando miramos a Dios, quien nos mira en amor. Este simple y sencillo acto tiene el potencial de transformar nuestra vida interior y sanar las heridas más profundas en otras formas en que el estudio bíblico, la asistencia a la iglesia e incluso la terapia (con todo lo buenas que ellas sean) no pueden alcanzar. David Benner, un psicólogo y director espiritual, dijo esto de su propia experiencia de contemplación:

Meditar en el amor de Dios ha hecho más para aumentar mi amor que décadas de esfuerzo para intentar ser más amoroso. Permitirme experimentar en profundidad su amor —tomar tiempo para sumergirme en él y permitirle empaparme— ha comenzado a efectuar cambios que ya había abandonado la esperanza de llegar a experimentar. Regresar a Dios en mi fracaso de amar, arrojarse a sus brazos y pedirle que me recuerde cuánto me ama como soy; es allí donde empecé a experimentar nuevos niveles de amor para dar a los demás.[38]

Nunca olvidaré cuando mi director espiritual me aconsejó: "John Mark, quédate en tu pecado y deja que Dios te ame". Él *no* quería decir: "Sigue pecando y no te sientas culpable"; en cambio, que *cuando* peques (y lo harás, al igual que yo), no te escondas de Dios, sino que esperes en Él sin excusas, sin echarle la culpa a nadie, sin negarlo, en completa vulnerabilidad, y deja que Dios te ame tal como estás. Y deja que Dios te ame en el potencial de lo que *serás*.

Pero esta es una clase de oración distinta a la que muchos estamos acostumbrados. Crecí orando de un modo que estaba lleno de palabras, era lento y un tanto demandante. "Oración" significaba pedirle a Dios cosas, buenas cosas (mayormente), pero el objetivo era usar un montón de palabras para pedirle a Dios lo uno que deseaba y necesitaba. Y hay un espacio para eso; especialmente a medida que maduramos y nuestro deseo se alinea más y más con el de Dios. Pero la oración contemplativa no se trata de buscar nada *de* Dios, sino solamente mirarlo *a* Él. Es "yo lo miro, Él me mira, y somos felices".

Pocos de nosotros creemos que este tipo de oración acaso sea una posibilidad.

Es esta capa profunda de oración que encuentro tanto desafiante como más satisfactoria. Desafiante no porque no sea placentera (de hecho, es todo lo contrario), sino debido a que requiere una gran capacidad que este mundo me roba: la *atención*.

Esta misma capacidad de fijar la atención del corazón en Dios —algo tan básico para seguir a Jesús— es la misma materia prima que estamos perdiendo ante la "economía de la atención",[39] comerciando visualizaciones por *likes* y haciendo *doomscrolling*, o sea, consumiendo información negativa en nuestras pantallas infinitamente. La cosa es que, si no podemos prestar atención, no podemos orar.

La filósofa francesa Simone Weil definía la oración como "atención absolutamente sin mezcla".[40] El cuáquero Douglas Steer dijo que la oración era "prestarle atención a lo más profundo que conozco".[41] Y el Dr. Rich Plass escribe: "La oración contemplativa es una disposición a disfrutar y estar presentes con Dios. Es cuestión de estar plenamente consciente de mi presencia en Cristo y *atento* a la presencia de Cristo dentro de mí. Es decirle sí a Dios con todo mi ser íntegro, pero sin palabras".[42]

No es que las palabras en la oración sean malas; no lo son. Es solo que llegas a un punto *en toda* relación, en especial con Dios, donde las palabras —e incluso los pensamientos— ya no te conducen a la intimidad; te llevan lejos, pero no hasta el final. Pueden incluso frenarte.

Dios no es un concepto o una emoción y ciertamente no es una doctrina en una declaración de fe o un capítulo de un libro de teología. Él es una *persona*, cuyo deseo ardiente es conocer y ser conocido por ti. Y al igual que en cualquier otra relación íntima, hay una clase de conocimiento que va más allá de las palabras —esa clase de conocimiento al que solo puedes acceder mediante la experiencia persona-a-persona.[43]

Ahí es donde la oración contemplativa se desvía hacia una dirección absolutamente diferente del *mindfulness* (o atención plena) y otros tipos populares de meditación. Por ejemplo, en la meditación budista el objetivo es vaciar el yo; en la oración hay un vaciamiento similar, pero su objetivo es *hacer lugar* para *llenarse* de Dios. En el *mindfulness* la meta es, simplemente, estar presente; en la oración es estar presente ante la *presencia de Dios en el momento* en última instancia, presente ante su *amor*.

Esto puede sonar demasiado místico para persuadirte, pero, poniendo todas las cartas sobre la mesa, coincido con el teólogo Karl Rahner que dijo: "El cristiano del futuro será un místico o no existirá en absoluto".[44] ¿Sabes por qué creo que está en lo cierto? Porque los cristianos del pasado eran místicos. Y si no recuperamos la contemplación "no existiremos en absoluto" en el suelo corrosivo del secularismo occidental.

Soy consciente de que el rótulo "místico" es poco atractivo para algunas personas (la gente ocasionalmente me pregunta: "No eres místico, ¿verdad?" Generalmente les respondo con una sonrisita pícara…). No me refiero a eso en *cualquier* clase de sentido heterodoxo. Lo que entiendo por *místico* es un discípulo de Jesús que quiere experimentar espiritualmente lo que es cierto respecto de ellos teológicamente. La Escritura es clara: todos los que han sido bautizados están "en Cristo".[45] Tú has sido bautizado, sumergido en la comunidad trinitaria del Padre, del Hijo y del Espíritu Santo, saturado de Dios. "[Tu] vida está escondida con Cristo en Dios".[46] Cristo en ti, "la esperanza de gloria".[47]

Un místico es alguien que no está contento con leer libros o escuchar sermones sobre esta gloriosa realidad; quiere *experimentar* este amor y ser transformado por él en una persona *de* amor. Porque es aquí, mirando a Dios, Dios mirándonos a nosotros, en amor, que "somos felices", que somos más libres, estamos más contentos, más en paz, más relajados, más agradecidos, llenos de gozo y vivos.

Demasiados cristianos simplemente no tienen idea de la asombrosa inmensidad del amor de Dios por ellos y de que el poder de ese amor puede transformarlos en personas amorosas, así como también puede brindarles una enorme felicidad y paz que permanece. Si lo supieran, indudablemente harían *lo que fuere necesario* para pasar tiempo con Él.

Lamentablemente, muchos de nosotros todavía vemos el seguir a Jesús como un medio para un fin, un pasaje al cielo, bonitos sentimientos, o una vida exitosa y en crecimiento, etc.

Todavía no lo entendimos: *Él* es el fin.

La recompensa por seguir a Jesús es *Jesús* mismo

Cada mañana me levanto temprano y comienzo mi día con la antigua disciplina espiritual cristiana de un café realmente bueno.[48] Tengo una pequeña habitación en mi casa adonde voy, cierro la puerta, me siento con las piernas cruzadas en el suelo y oro. Usualmente oro los Salmos (nota que no dije *leo* los Salmos), medito en los pasajes de las Escrituras, hablo con Dios acerca de mi vida, escucho su voz e intento dejar las cargas. Pero la mayor parte del tiempo solo me quedo sentado allí. Respiro. Y miro lo que mis ojos no pueden ver.

Algunos días mi mente está aguda y alerta, mi corazón arde por Dios y *siento* su cercanía. Otros días (la mayoría de las veces) mi mente es como "un mono en un bananero", como dijo una vez Henri Nouwen[49]: está por todas partes, mi corazón está confuso y temeroso, y lucho para concentrarme.

Pero *incluso así*, mi tiempo en quietud suele ser la mejor parte de mi día. De veras. Algo deslumbrante tiene que suceder para opacarlo. Porque es ahí donde estoy más profundamente consciente de la presencia de Dios, que soy más feliz y estoy más tranquilo.

En nuestra cultura acelerada, obsesionada con la productividad, distraída con lo digital, que continuamente está persiguiendo el guion de la vida para arriba y para abajo, donde el tiempo es dinero y el dinero es un dios, la idea de aminorar la velocidad, arribar a un lugar silencioso, lidiar con la multitud de distracciones internas y externas, y solo dejar que Dios te ame hasta convertirte en una persona de amor, suena como una pérdida de tiempo. De hecho, el profesor James Houston una vez le llamó a la oración "perder el tiempo en Dios". No quería decir que la oración sea una pérdida de tiempo; lo que quería decir es que, en una cultura como la nuestra, la oración puede sentirse como una pérdida de tiempo. Pero para aquellos que han descubierto la posibilidad de una vida con Dios, la oración es el pináculo de la existencia. Una vez que has probado la oración, la verdadera oración, te das cuenta de que profundizar tu rendición y agudizar tu atención en Dios son literalmente las cosas más importantes en el mundo.

La oración (es decir, estar con Jesús) es nuestro portal primario al gozo. No es solo la mejor parte de cada día, sino de la *vida*.

La oración —de cualquier tipo— siempre será una tarea, otra tarea más en nuestra lista religiosa de cosas para hacer, hasta que lleguemos a la comprensión de que Jesús mismo es nuestra recompensa sobremanera grande.[50] La recompensa por seguir a Jesús es, bueno, Jesús mismo. Solo el puro gozo de la amistad con él.

Jesús mismo les dijo a sus discípulos: Ya no los llamo siervos (…) los he llamado amigos.[51] La oración es la manera de cultivar esa amistad. En su clásico devocional, *La imitación de Jesucristo*, el escritor espiritual del siglo XVI, Tomás de Kempis, definió la contemplación como "una amistad familiar con Jesús".[52]

Puedes ser amigo de Jesús. Igual que María, que "sentada a los pies del Señor escuchaba su palabra",[53] puedes sentarte delante de Jesús diariamente y permitir que él te hable, te enseñe, te dirija y, sobre todo, te ame. Esta es la "vida verdadera".

Si esta no es tu experiencia de oración (si para ti la oración se parece más al aburrimiento, distracción o emociones oscuras saliendo a la superficie de tu corazón), por favor no te avergüences ni autoflageles; eso no te ayudará.

Solamente sigue orando. Quédate. La única regla innegociable de la oración es: *sigue haciéndolo*. Continúa el proceso hasta que experimentes de qué se trata todo este lío. No te detengas hasta que sepas por experiencia directa y personal lo que es difícil describir con palabras.

Por muchos años cuando leía acerca de monjes y monjas que dejaban su vida "normal" para hacer poquitas cosas además de orar, pensaba que estaban locos. (Que conste que algunos de ellos *lo estaban* y otros, un poco más). ¿Pero qué si somos nosotros los inestables? ¿Nosotros los que preferimos rondar por Netflix o ir de compras o jugar un partido de fútbol virtual en vez de estar en comunión con Dios? ¿Quién elegiría entregar la mayor parte de su tiempo para algún empleo en el que trabaje como un burro y que lo despidan cuando ya no les sirva más a sus patronos? ¿Quién elige pasar horas cada día en su teléfono y aun así dice que no tiene "tiempo" para Dios? ¿Qué si somos nosotros los que hemos perdido contacto con la realidad? ¿Quién está desperdiciando su vida en cosas triviales?

¿Tu corazón ya está despertando?

¿Hay una llama en lo profundo de tu corazón que comienza a arder con el deseo de la amistad con Jesús? Si es sí, déjame darte esperanza: puedes "echar mano a esta vida verdadera", la vida que Jesús hizo posible cuando murió.[54]

Existe un buen lugar para empezar: ve y descubre lo que Jesús llamó "el lugar secreto".

Encuentra tu lugar secreto

Jesús dijo algo acerca de la oración que me parece sorprendente (lo cual *no es* sorprendente). Su primer consejo no fue acerca de *qué* orar sino *dónde* hacerlo:

Pero tú, cuando te pongas a orar, entra en tu cuarto, cierra la puerta y ora a tu Padre, que está en lo secreto. Así tu Padre, que ve lo que se hace en secreto, te recompensará.[55]

La palabra que Jesús usó para "cuarto" es *tameion* en griego, y también puede ser traducida como "recámara interior".[56] Dentro de una casa galilea típica del siglo primero había una recámara interior, más como un clóset o una despensa, que se utilizaba para almacenar comida y provisiones. La mayor parte de la vida se llevaba a cabo afuera, y el hogar era mayormente para dormir y guardar cosas. El consejo de Jesús fue que nos escondiéramos en el *tameion* y allí, en secreto, oráramos.

Estoy escribiendo este libro desde una pequeña oficina en un bosque de Oregón; es tranquilo y las únicas distracciones que tengo son las que llevo en mi mente. ¿Por qué aquí y no en una esquina en pleno centro de la ciudad? Porque soy una *persona*, en un cuerpo, y el entorno importa. Ciertos ambientes me ayudan a concentrarme en mi trabajo; otros sabotean mis mejores intenciones.

Del mismo modo, si anhelamos alcanzar la profundidad de la vida con Dios que Jesús nos mostró, necesitamos encontrar un "lugar libre de distracciones" para alejarnos a estar a solas con el Padre. Puede ser una oficina en el bosque o tu habitación tarde en la noche, o tu porche temprano en la mañana o una plaza que está a unas cuadras de tu casa. O, si todo lo demás falla, un vestidor o una despensa.

El punto es que, al igual que Jesús, necesitamos aprender a escondernos.

Cuando leemos las cuatro biografías de Jesús en el Nuevo Testamento, una cosa es dolorosamente cierta: el patrón de la vida de Jesús estaba basado en un ritmo de *retirarse* y *regresar*, al igual que con la respiración, inhalar y exhalar. Jesús se *retiraba*: se escapaba del ruido y la presión de la multitud, y encontraba un lugar donde poder orar, solo o a veces con unos poquitos amigos cercanos. Inhalaba. Después exhalaba, *regresaba*. Volvía, para predicar, enseñar, sanar, liberar y ofrecer su amor. En Marcos 1 leemos:

> Muy de madrugada, cuando todavía estaba oscuro, Jesús se levantó, salió de la casa y se fue a un lugar solitario, donde se puso a orar. [57]

La frase "lugar solitario" es una sola palabra en griego: *erēmos*. Puede traducirse como "lugar desértico" o "lugar tranquilo".[58] En Lucas 5 encontramos la misma palabra otra vez:

> Él, por su parte, solía retirarse a lugares solitarios [*erēmos*] para orar.[59]

Observa: *a menudo* se retiraba al *erēmos*. En la noche anterior a su arresto, Jesús fue a Getsemaní, un jardín a las afueras de la ciudad de Nazaret. El escritor Lucas nos dice que *solía* ir ahí.[60] Una versión en inglés añade "como era su hábito".[61] Y el escritor Juan agrega que el traidor Judas sabía que debía estar en ese lugar "porque muchas veces Jesús se había reunido allí con sus discípulos".[62]

Para Jesús, el "lugar secreto" no era solo un sitio, era una práctica, un hábito, parte de su ritmo de vida. Él parecía tener pequeños lugares de refugio por todo Israel, donde se escabullía para orar.

Esta práctica de la vida de Jesús ha llegado a llamarse la disciplina espiritual del silencio, la solitud y la quietud. Y no importa tu tipo de personalidad, que seas del tipo pensador o del hacedor; introvertido y ansioso por tu tiempo a solas, o un extrovertido listo para hacer fiestas, *todo el día, toda la noche, baby*. Esta práctica es absolutamente crucial para tu vida espiritual. Henri Nouwen una vez dijo de manera directa pero certera:

> Sin soledad es prácticamente imposible tener una vida espiritual.[63]

Hay una historia legendaria sobre Nouwen de cuando le pidió a la Madre Teresa dirección espiritual (quién pudiera ser mosca para escuchar esa conversación…). Su consejo fue sucinto: "Pasa una hora al día en adoración a tu Señor y nunca hagas nada que sepas que está mal".[64]

Para muchos de ustedes, una hora al día es simplemente irrealista.[65] ¿Pero puedes hacerlo por media hora? ¿Por veinte minutos? Seguramente puedes comenzar con diez minutos.

Todos tenemos excusas por las que es difícil hacernos tiempo para orar, pero muchas de ellas son solo eso: excusas. Existe una dinámica de tire y afloje dentro de nuestro corazón (me incluyo). Parte de nosotros desea profundamente a Dios y una parte se resiste y quiere reinar sobre nuestros propios reinos.

Pero una razón por la que tanta gente evita la quietud es porque todavía tiene que encontrar un modo de estar con Dios que sea propicio a su personalidad y etapa en la vida. Sí, soy introvertido. No, ya no tengo niños pequeños. Sí, vivo en una casa y no en un pequeño apartamento. Pero pienso en mi amigo Tyler,[66] que no se parece en nada a mí (completamente extrovertido, orientado a la acción, padre de tres hijos); él sale, ora un Salmo en su zaguán, después sale a caminar por un parque enfrente de su casa. Lo hace así cada día del año, *todo* el año, incluyendo todo el inverno en Portland. "El frío me hace sentir vivo", me contó una vez (cuando le pregunté si estaba loco).

Tyler y yo tenemos personalidades muy diferentes, pero compartimos la misma pasión por Dios, y ambos hemos llegado a amar la oración. Yo me siento en el suelo con las piernas cruzadas en la quietud de mi cuarto; él sale a caminar por el parque de la ciudad con un piloto de lluvia. Diferentes métodos, la misma meta.

Cuando el lugar secreto se convierte en una opción devocional basada en preferencias para intelectuales introvertidos, es una gran tragedia, similar a cuando en la Edad Media se creía que una búsqueda seria de Dios era solamente algo para monjes, y no para la gente común y corriente. Es una tragedia para los extrovertidos, porque nunca alcanzan la profundidad de vida con Jesús que nos es ofrecida; y es una tragedia para los introvertidos también, porque una disciplina espiritual que fue diseñada para liberarte de ti mismo y formarte en una persona de amor abnegado, se desvía hacia "un poco de tiempo para mí, para que Papá me recargue", lo cual a menudo no hace más que profundizar nuestro yugo con el yo, no romperlo.

Entonces, trabaja con tu personalidad, no contra ella;

personaliza tu práctica con tu tipo Myers-Briggs y tu etapa de vida, pero encuentra tu lugar secreto. Dirígete allí tan seguido como puedas. Dale prioridad. Llega a amarlo. Sin él, tu vida con Dios se marchitará; con él, revivirás al mayor gozo de tu vida: una amistad íntima con Jesús.

"Debes eliminar implacablemente la prisa de tu vida"

Sí, parece mucho, pero quiero ser bien claro: el llamado de Jesús a ser sus aprendices no es un llamado a hacer *más*, sino a hacer *menos*.

No es una suma, sino una resta.

No se trata de aumentar la complejidad, sino de ir tras la austeridad.

Se trata menos de "acumular hábitos"[67] que de aprender a decir *no*.

Jesús está llamándote a disminuir la velocidad y simplificar tu vida alrededor de las tres metas de un aprendiz: estar con tu rabí, ser como él y hacer lo que él hizo. Tomar el aprendizaje de Él como el centro de gravedad de tu vida entera.

El elefante en la sala es que probablemente hemos hecho mucho para "añadir" a Jesús a nuestra agenda superocupada. Lamento decirlo, pero no hay modo de seguir a Jesús sin desacelerar la vida.

Dallas Willard célebremente llamó al apuro "el gran enemigo de la vida espiritual en nuestro tiempo" y dijo: "Debes eliminar implacablemente la prisa de tu vida".[68] La prisa es, podría decirse, el desafío *número uno* que enfrentarás en tu vida, en el supuesto caso de que decidas seguir a Jesús en serio. Al igual que un "enemigo", no se interpondrá nomás en tu camino, sino que luchará activamente contra ti.

La ONG que dirijo actualmente comenzó hace cinco años como una iniciativa de formación espiritual en la iglesia Bridgetown, la cual llamamos "Practica el Camino". Antes de comenzar, me senté con mi psicólogo, uno de los cristianos más listos que conozco, para pedirle una crítica constructiva sobre nuestra visión para una nueva clase de iglesia. Mayormente confirmó que nuestras ideas estaban cimentadas tanto en las Escrituras como en la ciencia, y me dio su bendición. Pero luego me hizo una advertencia: "El problema número uno que enfrentarás es el *tiempo*; la mayoría de las personas están muy ocupadas como para vivir vidas emocionalmente sanas y espiritualmente vibrantes".[69]

Nuestra vida es moldeada por el tiempo: queremos estar con Jesús, pero simplemente no tenemos tiempo para orar; deseamos genuinamente crecer hasta convertirnos en personas amorosas, pero nuestra lista de cosas para hacer es tan larga que no podemos siquiera intentarlo seriamente; sabemos que el descanso es el secreto de una vida espiritual, pero ¿el Sabbat? ¡Eso es una séptima parte de nuestra vida! Y así estamos completamente insatisfechos: nos sentimos apurados, ansiosos, lejos de Dios, vacíos espiritualmente, y trabados en hábitos y conductas que atentan contra nosotros. Nuestro peregrinaje espiritual para alcanzar las alturas del reino ha llegado a una meseta; el Camino lo hemos convertido en una rotonda; la Pascua se ha vuelto "El Día de la Marmota".

No podemos seguir viviendo así. Como dice Rich Villodas, pastor en Nueva York, en su libro *The Deeply Formed Life* [La vida profundamente formada]:

> Nuestra alma no fue creada para la clase de velocidad a la que nos hemos acostumbrado. Por lo tanto, somos un pueblo que está fuera de ritmo, un pueblo con demasiado para hacer y escaso tiempo para hacerlo (...).
>
> Nuestro estilo de vida nos puede llevar al borde del agotamiento. La velocidad a la que vivimos a menudo es destructiva. La falta de margen es debilitante. Estamos quemados. En medio de todo esto, el problema que tenemos delante no es solamente el paso frenético al que vivimos, sino lo que estamos dejando de lado como resultado: es decir, *nuestra vida con Dios...*[70]

De modo que requerirá que demos pasos intencionales para frenar.[71] Probablemente debamos comenzar auditando[72] los hábitos en nuestra vida, donde revisemos seriamente cómo pasamos nuestro tiempo, y *recortemos* cosas más de las que *agregamos*, en un deseo de estar con Jesús.

Puede ser que no suene divertido en absoluto, pero son "buenas noticias", las mejores noticias. Jesús no es un reclutador para WeWork, que nos llama a "apurarnos más", sino el Buen Pastor del Salmo 23, que nos llama a "reposar en verdes pastos".

Cuando Jesús dijo: "Vengan, síganme", estaba diciendo simultáneamente que debíamos dejar algunas cosas atrás. "Toma tu cruz" era una manera de decir que se requería un sacrificio. Hay cosas a las que debemos morir, cosas que liberar, soltar.

Ronald Rolheiser dijo: "Cada elección son miles de renuncias",[73] refiriéndose a que cada *sí* son miles de *no*. Decirle sí a la invitación de Jesús a ser sus aprendices es decirles no a otras incontables invitaciones.

Literalmente dejé mi trabajo (dos veces ya) en gran medida para vivir una vida más lenta, más simple. Hasta este momento, mi único lamento es no haberlo hecho antes. Espero que no tengas que dejar el tuyo, pero quizá podrías. Para la mayoría de nosotros solo requerirá cancelar algunas suscripciones digitales, pedir disculpas y salirse de algunas obligaciones, mirar menos televisión, irse a dormir más temprano (para levantarse y orar), y hacer espacio en nuestros días para detenernos, respirar y permanecer.

¿Por qué no desacelerar tu vida para ser aprendiz de Jesús?

¿Por qué no utilizar las prácticas de Jesús (las cuales trataremos en este libro) para calmar la mente y el cuerpo, contemplar la belleza de Dios, mirar a Jesús y verlo mirándote a ti, en amor? Ciertamente practicar su Camino debe ser mejor que lo que ahora estás viviendo. ¿Por qué no lo intentas?

En Juan 1, Jesús les dijo a algunos discípulos potenciales: "Vengan a ver",[74] queriendo decir: "Vengan y vean cómo vivo. Vivan el Camino conmigo por un tiempo, y veamos si la vida juntos en el reino de amor no es mucho mejor que cualquier otro reino; si este camino no es mejor que cualquier otro camino".

Vengan a ver…

Meta #2
Ser como Jesús

La calavera. Me está mirando ahora; las cuencas vacías de sus ojos perforan mi alma, negándose a dejarme evadir esa realidad humana final: la *muerte*. Podría ser de este momento a medio siglo, o media hora, pero voy a morir. Y tú también. Las estadísticas son convincentes: el 100% de probabilidad. La Parca viene por todos nosotros.

Por lo tanto, la calavera está en mi escritorio.

No, no, no es real; no hay necesidad de llamar a un profesional de la salud mental.[1] Aun así, se hace preciso una historia de fondo...

En el siglo VI, un monje llamado Benito escribió la ahora famosa *Regla de San Benito*, el documento fundacional de una de las más antiguas órdenes monásticas del mundo. En ella, les dio este consejo a sus queridos monjes:

Recuerden a diario que han de morir.[2]

¿Esto suena un poco masoquista a tus oídos modernos? Me imagino que sí. Pero en contexto, Benito estaba diciendo esencialmente: "*Que no se te vaya la vida en trivialidades.* Recuerda lo que importa. La vida es escurridiza y preciosa; no la malgastes. Atesora la eternidad ante tu corazón". Benito estaba exhortando a los monjes a estar gozosamente presentes al milagro de su vida cotidiana.

Mucho antes de que las calaveras fueran la marca distintiva de las bandas de rock metálico, pandillas de motoqueros o piratas de Hollywood, era el diseño visual de los monjes cristianos. Por siglos los monjes entraban en sus celdas y se arrodillaban sobre un banco de oración con tres artículos delante de su vista: una porción de las Escrituras, una vela (para leer dichas Escrituras) y una calavera. Una *de verdad*, no la que compras en Etsy, como la mía; probablemente de un morador anterior del monasterio: "Mi anterior compañero de cuarto, el Hermano Makarios".

La calavera era un recordatorio diario: *la vida es fugaz, no la desperdicies.*

Hasta el día de hoy, los monjes benedictinos usan sotanas negras, no porque traten de estar a la moda, sino porque su visión de la vida de discipulado es una clase de preparación para la muerte, para estar por siempre con Dios.

Los monasterios benedictinos a menudo tienen su propio cementerio, ya que los monjes toman un voto de estabilidad y se comprometen a permanecer en la comunidad hasta su último aliento. Ciertos monasterios intencionalmente dejan la próxima tumba cavada abierta así que, cada día, cuando los monjes salen a caminar por el campo, recuerdan: pronto me voy a unir a mis hermanos.

Los arqueólogos han descubierto incluso catacumbas antiguas con este refrán tallado en el muro sobre el osario:

Donde estás ahora, nosotros estuvimos.
Donde estamos ahora, tú estarás.

Así que... la calavera. Sobre mi escritorio. Mi intento de recordarme a mí mismo que he de morir. Está allí porque, en cualquier momento, pero especialmente en el nuestro, es increíblemente fácil *desperdiciar* la vida. "Divertirse hasta morir", como lo llamó el crítico social Neil Postman, nunca ha sido tan acertado.[3] Puedes desaparecer en el agujero negro de Netflix, convertirte en adicto al trabajo tras la búsqueda de riquezas o fama, o simplemente "comer, beber y ser feliz" en el parque de juegos para adultos de la ciudad moderna. La cultura occidental está construida en torno a la negación de la muerte a través de los mecanismos de defensa de la distracción. Como dijo Ronald Rolheiser: "Nos estamos distrayendo en el olvido de todo lo espiritual".[4]

Pero —para no ser un aguafiestas— eventualmente morirás; *todos* lo haremos. Y cuando ese día llegue y tu familia y amigos estén parados alrededor de tu tumba, lo que importará más será en quién te hayas *convertido*.

El columnista del New York Times, David Brooks, distinguió célebremente entre "virtudes de currículum" y "elegías".[5] Las virtudes del currículum son aquellas cosas de las que hablamos en la vida: dónde trabajamos, qué hemos alcanzado, nuestros logros, etc. Las elegías son las que *otros* hablan sobre nosotros cuando *morimos*: es decir, quiénes fuimos, la fibra de nuestro carácter y las relaciones que definieron nuestros días en la tierra.

"Recordarte a ti mismo diariamente que vas a morir" es recordarte vivir para tu elegía no para tu currículum. Es para no perder tu precioso y fugaz tiempo en la tierra, sino enfocarte en lo que importa en el gran plan de la eternidad: convertirte en una persona de amor a través de la unión con Jesús.

Benito era un aprendiz de Jesús que, a su tiempo, se convirtió en un santo de buena fe. Como un verdadero aprendiz, vio que nuestros años en el cuerpo son un entrenamiento para la eternidad, y en última instancia, lo que estamos aprendiendo es cómo convertirnos en una persona de amor, una persona que es como Jesús.

Ahora estamos en la Meta #2 de un aprendiz: volverse *como* Jesús.

Recapitulando, la meta de un aprendiz del primer siglo era no solo aprender de la Torá de un rabino brillante, sino aprender la *vida* de alguien que se había convertido en un maestro de ella. Esto se ve en las instrucciones de Jesús:

> Los alumnos no son superiores a su maestro, pero el alumno que complete su entrenamiento se volverá *como* su maestro.[6]

Para Jesús, el punto del aprendizaje era estar *con* él con el objetivo de volverse *como* él, es decir, ser como él a través de un proceso de entrenamiento profundo. Los aprendices de Jesús son los que se inscriben en este programa de entrenamiento; los que intencionalmente organizan su vida en torno a esta meta de madurez espiritual. (Los no-aprendices de Jesús son los que intencionalmente organizan sus vidas alrededor de *todo lo demás*).

Los monjes por mucho tiempo le llamaron a este proceso *imitatio christi*, o "imitación de Cristo". Hoy le llamamos "formación espiritual".

La formación espiritual no es algo cristiano

Esto es lo primero que necesitas entender sobre la formación espiritual, y es clave: *la formación espiritual no es algo cristiano: es algo humano.*

Ser humano es cambiar, constantemente. Ya sea que seamos religiosos o no, crecemos, evolucionamos, nos alejamos, regresamos. No podemos evitarlo; la naturaleza del alma humana es dinámica, no estática. Es por eso por lo que, cuando mostramos fotos incómodas de la adolescencia en una boda o fotos de bodas en un funeral, todos quedamos fascinados por ese proceso de cambio.

A riesgo de parecer repetitivo, lo digo *otra vez*. La cuestión no es: ¿estás siendo formado? Es: ¿en *quién* o *en qué* estás siendo formado?

Quiénes somos —el bueno, el malo y el feo—, *todo* es resultado de la formación espiritual. Ocasionalmente escucho a gente decir que se están "iniciando en la formación espiritual", cuando en realidad quieren decir que están comenzando a practicar disciplinas espirituales, leer libros y posiblemente están haciendo la "obra" en terapia. Todo bien. Pero para clarificar los conceptos, tú estás siendo formado espiritualmente desde antes de salir del vientre de tu madre. Todos lo estamos.

La formación espiritual les sucede a todos, sea que estén "dentro" o no. La Madre Teresa fue producto de una formación espiritual, y también Hitler lo fue; Gandhi fue formado espiritualmente, como así también el presidente Mao. Lo mismo con Michelle Obama, Lady Gaga, Brené Brown o Volodimir Zelensky. Sus espíritus han sido formados por un largo período en una compleja alquimia de herencia genética, patrones familiares, heridas de la niñez, educación, hábitos, decisiones, relaciones, orientación interior, actitudes, entornos, respuestas a dichos entornos y más.

Lo mismo con cada uno de nosotros.

Tú ya *has sido* formado.

Tú *estás siendo* formado, incluso mientras estás leyendo esto.

Tú *serás* formado en los días venideros.

Dicho de otro modo, te estás convirtiendo en una persona.[7]

La pregunta de San Benito que debe hacernos pensar es la siguiente: *¿en quién me estoy convirtiendo?*

La formación espiritual *no es* opcional. Aunque estás pensando, cada emoción que sientes está dándole forma a tu comportamiento, cada decisión que tomas, cada palabra que pronuncias, cada relación en la que entras, los hábitos que componen tu día a día, si tienes redes sociales (si las usas, cómo lo haces), la manera en que reaccionas ante del dolor y el sufrimiento, el modo en que manejas el fracaso o el éxito, *todas* estas cosas y más te están modelando de una forma particular.[8] No hay cosas estáticas en el menú. O somos transformados en el amor y la belleza de Jesús, o malformados por la entropía del pecado y la muerte. "O nos volvemos agentes de la gracia sanadora y liberadora de Dios, o portadores de la enfermedad de este mundo".[9] Creer otra cosa es una mera ilusión; y no pensar en ello es acercarse peligrosamente al borde de desperdiciar tu vida.

Al escribir acerca del infierno, C. S. Lewis afirmó que todos nosotros estamos de camino o a la vida o a la muerte. Dijo que estábamos convirtiéndonos en "horrores inmortales" o en "esplendores eternos".[10] Willard sostuvo que la muerte solo sella el trayecto al infierno, o el "camino" que elegimos en la vida.[11] Está claro que algunas personas están viviendo el infierno ahora, mientras que otros están viviendo una especie de cielo en la tierra. No todos seguimos la misma senda.

Un buen ejemplo: los ancianos. La mayoría de las personas de más de ochenta años que conoces son las *mejores* personas o las *peores*. No lo digo de manera discriminatoria, sino todo lo contrario. La mayoría de los jóvenes de veintitantos años que conozco son algo intermedio, como mis hijos adolescentes dirían: no son santos ni terroristas en potencia, simplemente son normales. Pero eso no es cierto respecto de la mayoría de la gente de edad que conozco. Dirígete al fichero mental que está en tu cerebro y busca las personas de más de ochenta años: la mayoría de ellos son los más graciosos, felices, agradecidos, pacientes, amorosos, abnegados que conoces, simplemente están felices de vivir y estar sentados en la sala contigo. *O*, por el contrario, son los más resentidos, manipuladores, vengativos que conoces, largando su veneno emocional a su línea familiar, que se gozan del dolor ajeno.

Seguro, algunos estarán en medio de la curva de campana, pero la mayoría estarán notoriamente a cada lado.

Eso se debe a que han pasado casi un siglo convirtiéndose en una persona. Siendo formados. A través de alguna reacción química extraña de hábitos, mentalidades, actitudes elegidas, circunstancias de la vida, sufrimiento, éxitos, fracasos y sucesos aleatorios, se convirtieron en lo que hoy son.

Eso es la formación espiritual.

Definición de formación

Ahora, definamos la formación en el Camino de *Jesús*. Si la formación espiritual es nada más que la manera en que "el espíritu humano, o ser interior es formado" en una forma —valga la redundancia— definitiva, para mejor o para peor, entonces la formación espiritual en el Camino de Jesús es cómo somos formados para ser como Jesús y, de ese modo, es alcanzado nuestro ser más profundo y genuino —el ser que Dios tenía en mente cuando nos trajo a la existencia antes de que llegara el tiempo.

La ironía de nuestra cultura "sé fiel a ti mismo" es que cada uno termina luciendo igual. Resulta ser que el pecado es increíblemente estereotípico. Involucionamos a nuestros instintos animales básicos de autopreservación y placer —codicia, gula, inmoralidad, mentira, juegos de poder— y es la misma historia que se repite, de *La Ilíada* de Homero a las noticias de la mañana.

Un verdadero original es alguien que practica el Camino.

Nadie es más original que un santo.

Con eso en mente, permíteme intentar una definición de formación espiritual: *Formación espiritual es el proceso por el cual somos formados en personas amorosas en Cristo*. Analicemos esta frase sintácticamente:

1. "Es el proceso"

La formación a la imagen de Jesús es un largo y *lento* proceso, *no* un hecho que se logra de una sola vez. No existe un relámpago celestial. El "crecimiento espiritual" es similar al físico: muy gradual. Tiene lugar con el tiempo, en una tasa creciente, pero a veces imperceptible. Sí, hay períodos de cambios dramáticos, como el nacimiento o la adolescencia, pero esos puntos de inflexión claves son la excepción, no la regla.

Como decía a menudo el profesor de Regent College, James Houston: "El crecimiento espiritual es el más lento de todos los movimientos humanos". Esto un desafío provocador a nuestra cultura de gratificación inmediata. Estamos acostumbrados a lo rápido y lo más rápido : a tener el mundo entero a nuestro alcance deslizando el dedo en una pantalla el dedo en una pantalla. Haz un clic y recibirás el producto en tu casa en pocas horas. Pero la formación del alma humana no sucede a velocidad digital.

Si perdemos de vista esto —y me hablo a mí mismo tanto como a ti, conversando con la calavera que tengo sobre mi escritorio— creceremos con desaliento y abandonaremos la búsqueda, o nos conformaremos con lo mediocre. "Los cristianos no son perfectos, solo son perdonados".[12] (Como si lo mejor que pudiéramos esperar es un pequeño desvío en nuestra ruta a la vida rumbo a la muerte). Pero no podemos rebajar el horizonte de posibilidades que nos fue dado después de la extraordinaria vida de Jesús y el don del Espíritu Santo. En cambio, debemos permanecer en el proceso todo el tiempo que sea necesario para actualizar nuestro destino.

Y esto puede llevarnos un tiempo muy largo.

Recientemente estaba conversando con mi esposa sobre lo desanimado que estaba con mi larga lucha contra la ansiedad. Detesto lo estresado que estoy algunas veces, y cómo mi mente se queda atascada en un bucle de pensamientos negativos.

—¿Crees que alguna vez maduraré en esto y saldré adelante? —le pregunté.

—Por supuesto —exclamó—. Soy positiva. Creo que poco a poco estarás cada vez más feliz y tranquilo.

—¿De veras? ¿En cuánto tiempo más?

—Supongo que a los sesenta —dijo, de manera inexpresiva.

No estaba tratando de hacerse la graciosa, ese era su cálculo sincero. Y probablemente tenga razón.

El maestro espiritual Pete Scazzero una vez compartió conmigo una máxima que, por su parte, había compartido con él un mentor más grande y sabio: "La mejor década de tu vida será a los setenta; la segunda mejor etapa será a los ochenta, y la tercera será a los sesenta". Por "mejor" no necesariamente se refería a más feliz, aunque espero que también lo sea, sino más rica, gozosa y útil para los demás.

No me malinterpretes: hay gozo a lo largo del camino. Puedes decir que el gozo es el rasgo característico de una vida organizada en torno a Dios. Pero rara vez es la felicidad explosiva de una euforia emocional, dramática pero variable y pasajera. Es más parecido a una tranquila corriente subterránea que lentamente se acumula en la base de tu alma, creciendo y subiendo como una suave melodía que con los años se vuelve la banda sonora de tu vida.

Pero, es un proceso...

2. "... POR EL CUAL SOMOS FORMADOS"

La formación a la imagen de Jesús no es tanto algo que *hacemos* como algo que *hace en nosotros el mismo Dios*, a medida que nos rendimos a su obra de gracia transformadora. Nuestro trabajo es principalmente estar disponibles.

Escoge tu analogía favorita de las Escrituras: nosotros somos las ovejas, Él es el pastor; nosotros somos el barro, Él es el alfarero; nosotros somos el bebé en el útero, Él es la madre que da a luz con dolores de parto.[13] Eso no significa que podamos librarnos de ello diciendo "Dios se encargará". No. Tenemos la responsabilidad de cooperar con la gracia transformadora de Dios, pero Él no nos obligará a hacerlo.

Como dijo San Agustín en el siglo IV:

Sin Él, nosotros no podemos, pero sin nosotros, Él no lo hará.

Gran parte de la actual desilusión que tienen muchos cristianos sobre su falta de transformación se debe a que nunca se aprendieron *su parte* en la formación espiritual. Nuestro trabajo no es salvarnos a nosotros mismos, sino rendirnos.

Uno de los muchos dones de las comunidades de recuperación de adictos ha sido su implacable honestidad sobre lo débiles y necesitados de gracia y comunión que somos todos, y cuán ineficaz es nuestra fuerza de voluntad.[14] Cuando AA (que empezó siendo un programa de discipulado) tradujo el lenguaje de Dios como un "Poder Superior", estaban diciendo que necesitamos un poder mucho más allá de nosotros mismos para ser libres. Nosotros, los que nos metimos en este lío, no podemos *salir* solos. Estamos demasiado rotos como para repararnos a nosotros mismos; demasiado perdidos para encontrarnos. Cuando desenmascaramos la parte humana del autoengaño, nos damos cuenta de qué tan distintos a Cristo somos en los rincones más profundos de nuestro corazón. Somos forzados a confrontar nuestra *verdadera* naturaleza y lo torcidos y heridos que estamos de veras. En ese lugar de vulnerabilidad comprendemos que no podemos *autosalvarnos*. "Médico, cúrate a ti mismo" es una estrategia condenada al fracaso. Necesitamos ayuda, poder, que viene de más allá de nosotros. Necesitamos la gracia.

La formación no es una versión cristianizada de un proyecto del yo; es un proceso de salvación. De *ser salvados* por Jesús.

3. "… EN PERSONAS DE AMOR"

Un aprendiz de Jesús es alguien que ha organizado su vida en torno a volverse como Jesús, tal como se expresa a través de su personalidad, género, etapa de vida, cultura, etnicidad, etc. Pero si tuviéramos que resumir el carácter conforme al de Cristo en una sola palabra, esa sería indudablemente *amor*.

El amor es la prueba de fuego de la formación espiritual.

La *única* y sencilla pregunta más importante es: ¿estamos volviéndonos más amorosos?[15] Y no: ¿nos estamos volviendo bíblicamente más instruidos? ¿O practicando más disciplinas espirituales? ¿O más involucrados con la iglesia? Todas estas son cosas buenas, pero no la más importante.

Si quieres medir el progreso en tu viaje espiritual, revisa la calidad de tus relaciones más cercanas. Es decir, revisa tu amor y el fruto del Espíritu. ¿La gente que mejor te conoce diría que estás volviéndote más amoroso, gozoso y en paz?; ¿más paciente y menos frustrado?; ¿más amable y menos mezquino, más gentil y moderado con el tiempo, lleno de bondad?; ¿más leal, especialmente en tiempos difíciles, y con más dominio propio?

¿Estás creciendo en amor, no solo para tu familia y amigos, sino también para tus enemigos? ¿Estás madurando en tu capacidad de perdonar? Cuando te lastiman y te maltratan injustamente (como todos lo somos), ¿encuentras que cada vez eres más capaz de abandonar el resentimiento, absorber el dolor y no pagar con la misma moneda? ¿Ves que puedes orar y hasta "bendecir a los que te maldicen"[16]?

¿Y todo este sentimiento es cada vez más "natural" y menos forzado? ¿Entiendes que es más y más simplemente quien tú *eres*? De no ser así, no importa qué tanto sepas de la Biblia, cuántos libros hayas leído, cuánto conocimiento hayas acumulado, o cuántas prácticas hayas alcanzado en tu regla de vida, no estás en la senda correcta.

Porque el propósito de la trayectoria espiritual es volverse más como Dios, y "Dios es amor".[17] Recuerda la frase de San Ignacio, Dios es "Amor amoroso". El amor no es algo que Dios hace, sino *quién Él es*. No puede evitar amar, porque esta es su naturaleza. Algunos de nosotros nos asombramos de que Jesús no nos aborrezca por todos nuestros errores y fracasos, pero eso solo delata nuestra visión distorsionada de Dios. Sería más difícil para Dios odiarnos que amarnos, porque *amor es quién Dios es en lo profundo de su interior.*

Por eso Dios es trinitario (hablaremos de esto más adelante), porque es amor, y el amor no puede existir fuera de una relación. Ergo, Dios debe ser una clase de relación —una de abnegación, centrada en el otro, humilde, gozosa, y llena de bendición, bondad y amor. Para citar de nuevo a San Agustín: "Dios es (a la misma vez) Amante, Amado y Amor, en sí mismo".[18] Él es quien ama, quien es amado y la fuente definitiva de todo amor.

Y recuerda: "amor", como fue definido por la persona de Jesús, no es solo un bonito sentimiento o afecto: es una actitud; sí, una actitud de compasión, calidez y deleite, pero también es una *acción*. Es *agape*; es desear el bien del otro *por encima* del tuyo propio, sin importar el costo o el sacrificio que requiera. Como dijo Jesús: "Nadie tiene amor más grande que el dar la vida por sus amigos".[19] Es la cruz, que no es meramente algo que Jesús hizo por nosotros: es *además* algo que hacemos *junto con* Él. "En esto conocemos lo que es el amor: en que Jesucristo entregó su vida por nosotros. Así también nosotros debemos entregar la vida por nuestros hermanos".[20]

Aquí es donde la formación espiritual es bien diferente al movimiento de autoactualización o la obsesión occidental con el proyecto del yo. Esta tiene un fin y un propósito, un *telos*: está diseñada para formarte como una persona de *agape*.

El Dr. Robert Mulholland define la formación espiritual como "un proceso de ser formado a la imagen de Cristo por el bien de los demás",[21] e insiste en la parte de "por el bien de los demás". Sin esta pieza crucial, la formación inevitablemente degenerará en una espiritualidad privada, de autoayuda, terapéutica, que es, francamente, solo una versión cristianizada del individualismo radical, no un crisol donde arde nuestra alma y se purifica para formarnos como personas amorosas al igual que Jesús. Esto *importa*.

Sí, hay un proceso interior e incluso un autodescubrimiento que son clave para la espiritualidad cristiana, pero están seguidos por un proceso *exterior* que conduce al amor, a la *acción* en el mundo. La meta no es actualizar el yo, sino crucificarlo.[22] Ser formados por Jesús, en todo nivel de nuestro ser, para ser personas impregnadas de amor.

Otra vez, *no podemos* hacerlo solos. Solo existe una manera...

4. "... EN CRISTO"

La cristificación es el resultado de Cristo en nosotros. Todo es por gracia; siempre se trató de ella. "Cristo en ustedes, la esperanza de gloria".[23] Y nosotros *en* Cristo. En efecto, "en Cristo" es una frase que se utiliza en todo el Nuevo Testamento, más de ochenta veces solamente en las cartas de Pablo. Los teólogos la llaman "doctrina de la incorporación". Es ser incorporado, bienvenido, a la vida interior de Dios mismo a través de Cristo. Jesús ha venido para llevarnos *dentro* de la vida interior del Amor amoroso. Como expresa el pastor Darrel Johnson en su libro sobre la Trinidad: "Estar vivo en la intimidad del centro del universo".[24] Jesús dijo en Juan 17, justo antes de morir:

> Ruego también por los que han de creer en mí (…) para que todos sean uno. Padre, así como tú estás en mí y yo en ti, permite que ellos también estén en nosotros (…) yo en ellos y tú en mí. Permite que alcancen la perfección en la unidad, y así el mundo reconozca que tú me enviaste y que los has amado a ellos tal como me has amado a mí.[25]

Este es el evangelio: que Dios se ha acercado a nosotros en la persona de Jesús —*A nosotros*, que estamos en pecado, quebrantados, heridos, que somos mortales, incapaces de salvarnos, muchos de nosotros completamente desinteresados de Dios, o siendo hasta sus enemigos— para sanarnos, sumergiéndonos en la profundidad de su amor trinitario, y luego enviándonos al mundo como agentes de ese amor.

La invitación de Jesús a ser sus aprendices no es tan solo una oportunidad de convertirnos en personas amorosas que son *parecidas* a Dios; es la oportunidad de entrar en la vida interior de Dios mismo y vivir la vida *desde* esa realidad. Los antiguos le llamaban a esto "unión" con Dios, y es el mismísimo significado de la existencia humana para mí y para todo ser humano sobre el planeta, ya sea que lo entiendan y lo reciban o no.

Esto, *entonces,* es la formación espiritual: *el proceso por el cual somos formados en personas amorosas profundizando nuestra entrega y unión con la Trinidad.*

Te estás convirtiendo en una persona, hasta ahí es casi inevitable. Y vas a terminar en *algún lugar* en la vida. ¿Por qué no convertirte en una persona empapada por el amor de Jesús? ¿Por qué no terminar en unión con Dios?

No hay santos por casualidad

Esta es la cuestión: aunque suene grandioso, tu crecimiento no va a darse por arte de magia. La semejanza a Cristo es posible, pero no es natural. De hecho, la gravedad y la inercia de la vida te llevarán en la dirección contraria. "Estrecha es la puerta y angosto el camino que conduce a la vida, y son pocos los que la encuentran",[26] dijo Jesús.

Dicho de otro modo: no hay santos por casualidad.

Nadie se levanta una mañana alrededor de sus cincuenta años y piensa: "Guau, ¿viste eso? Me convertí en santo, ¡qué extraño!" o "Mmmh, parece que estuve viviendo el Sermón del Monte. Soy cada vez un poco más libre de la preocupación, el sentido de juzgar, la codicia y la ira; el dinero ya no tiene lugar en mi corazón; ya no me manejo por el temor ni necesito parecer bueno ante los demás; me siento libre. He sido impregnado de amor, incluso amor por mis enemigos. Esto es una hermosa coincidencia".

Pues... no...

La formación *acontecerá*, según nuestro argumento anterior, sin ninguna decisión consciente de tu parte; pero no así *la formación en una persona de amor en Cristo*. Eso debes elegirlo, y continuar eligiéndolo, día tras día. Requerirá intencionalidad de tu parte. Tendrás que ser un aprendiz de Jesús y seguir su proceso de entrenamiento.[27]

"Sí quiero hacerlo" —tal vez digas—, pero no estoy seguro de por dónde empezar.

Si esa es tu intención, no estás solo. Lamentablemente muchas personas *desean* genuinamente aprender de Jesús, pero no saben *cómo*. La formación espiritual en la iglesia en Estados Unidos a menudo queda truncada por esta fórmula de tres pasos:

1. Ir a la iglesia.
2. Leer la Biblia y orar.
3. Dar.

Estoy a favor de esas tres prácticas (las tres están en mi regla de vida), pero en mi experiencia, muchos cristianos pasan treinta años con estos pasos como patrón de su discipulado y no se sienten muy diferentes a lo que eran, solo se sienten *más viejos*.

Dr. Janet Habburg y Dr. Robert Guelich del Seminario Fuller han pasado décadas analizando los datos de miles de cristianos, en busca de señales de un proceso de desarrollo por el cual volverse más como Jesús en el trascurso de sus vidas. Identificaron una teoría de desarrollo espiritual en seis etapas;[28] aquí hay un panorama general:

El viaje crítico

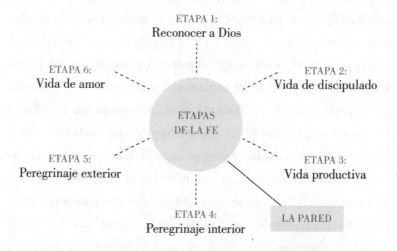

ETAPA 1:
Reconocer a Dios

ETAPA 6:
Vida de amor

ETAPA 2:
Vida de discipulado

ETAPAS
DE LA FE

ETAPA 5:
Peregrinaje exterior

ETAPA 3:
Vida productiva

ETAPA 4:
Peregrinaje interior

LA PARED

Luego de monitorear el despliegue de este proceso en muchas vidas, hicieron esta solemne observación: la mayoría de los cristianos nunca madura más allá de las etapas dos o tres, las cuales están en el nivel más básico de madurez; muy pocos alcanzan su potencial pleno en Cristo.[29] Hay muchas razones para esto,[30] pero hay una que es pragmática: la mayoría no posee una teoría elemental del cambio, es decir, un patrón confiable para la transformación que seguir.

Tanto en mi experiencia personal como pastoral, el problema no es que la gente no quiere cambiar (la mayoría sí quiere) o que no esté tratando de hacerlo (la mayoría lo está intentando); es que las personas no saben *cómo* cambiar. No tenemos una adecuada comprensión de cómo el alma humana pasa del nacimiento espiritual a la madurez. Tenemos muchos adolescentes espirituales y pocos ancianos.

Hace unos años tuve la oportunidad de asistir al último evento público de Richard Foster. A fines de los años setenta, Foster escribió un libro llamado *Celebración de la disciplina* que vendió más de un millón de copias (¡y con la palabra "disciplina" en el título!), y podría decirse que inspiró el renacimiento del movimiento de la formación espiritual en la corriente occidental protestante de la iglesia. Asistir a su última enseñanza en público fue un momento santo para mí. Richard es un verdadero sabio. Y después de décadas de viajar por todo el mundo enseñando sobre formación espiritual, amorosamente concluyó que la mayoría de las personas "no tenían una teología del crecimiento espiritual". Estaba pasmado por "la ignorancia abismal que tenían las personas sobre *cómo* ser transformadas". Dijo esto sin una pizca de juicio, tan solo tristeza.

Muy poca gente ha llegado a reflexionar tan profundamente sobre ello. Como resultado, la mayoría de las teorías sobre el crecimiento tienden a ser:

- Inconsciente, no consciente
- Aleatorio, no intencional
- Secular, no escritural
- Mayormente ineficaz, no transformacional

Los efectos colaterales de esta ignorancia son los fenómenos reconocidos en toda la iglesia occidental:

- Iglesias llenas de cristianos, pero no de aprendices de Jesús

- Un extendido cáncer de hipocresía que ha infectado a la iglesia, donde la brecha entre las enseñanzas de Jesús y la vida diaria de la gente (incluyendo a muchos pastores) es demasiado grande para ser explicada con gracia.
- Una generación de personas decepcionadas de la fe, con un millón de *millenials* cada año que abandonan las iglesias, muchos incluso dejan de seguir a Jesús por completo y, en cambio, buscan en las estrategias terapéuticas seculares seudocientíficas o en religiones orientales como opciones más prometedoras de salvación.
- Muchos que anhelan en secreto más de Dios y ser transformados se sienten detenidos en su peregrinaje espiritual y bloqueados en su crecimiento.

No digo esto para criticar, juzgar o acusar *a nadie*. Es solo para llamarlo como lo que *es*. A muchos simplemente no nos enseñaron un modelo de cambio basado en Jesús, un camino eficaz para la transformación, un camino de vida. O peor aún: nos han enseñado, pero mal…

Tres estrategias perdedoras

Para "volvernos como Jesús" necesitamos una teoría del cambio que… bueno, que funcione. Comencemos con lo que no funciona (pronto veremos lo que sí). Hay tres estrategias perdedoras que he visto *una y otra vez* en mis veintitantos años como pastor.

ESTRATEGIA PERDEDORA #1: LA FUERZA DE VOLUNTAD

El problema con la fuerza de voluntad no es que sea mala (no lo es); es solo que no funciona muy bien. Todos conocemos las estadísticas: el 80% de las decisiones de Año Nuevo fracasan para fines de enero.[31] Eso es porque la voluntad es un recurso finito, solo tenemos un poco de ella cada día (la mía suele agotarse para el mediodía). Es como un músculo. No solo se agota después de mucho uso, sino que en el mejor de los casos no es lo suficientemente fuerte como para levantar mucho peso.

Los pequeños cambios, como comenzar el día leyendo un salmo, están en general en el plano de la voluntad. Sin embargo, dentro de ti y a tu alrededor, hay fortalezas que se devoran la voluntad como desayuno: son hábitos de pecado profundamente arraigados que vienen de tu herencia familiar, las "respuestas automáticas" de tu cuerpo, toda forma de trauma, adicciones o temor.

La genialidad de la enseñanza ética de Jesús es que tú no puedes cumplir la ley tratando de no quebrantarla. No puedes amar más solo *tratando* de ser más amoroso, no importa cuánto esfuerzo le pongas. Tenemos que ser transformados en nuestro ser interior, o lo que Jesús llamó "el corazón".

Eso no es negar el rol del esfuerzo personal: *el empeño es clave en la formación.* Hay una relación sinérgica entre nuestro espíritu, o nuestra voluntad, y el Espíritu de Dios, o el poder. El esfuerzo y la gracia son socios, no enemigos tirando de una soga para ver quién se lleva la gloria. Pero la principal función del esfuerzo en nuestra formación es hacer lo que nosotros *podemos* hacer:

preparar un espacio para rendirnos a Dios por medio de las prácticas de Jesús, para que Dios haga lo que nosotros *no podemos*: sanarnos, liberarnos y transformarnos en personas amorosas.

Como dijo Leslie Jamison en sus memorias sobre su recuperación de las adicciones: "Necesito algo más fuerte que mi fuerza de voluntad".[32]

La voluntad es crucial, pero no es la solución.

ESTRATEGIA PERDEDORA #2: MÁS ESTUDIO BÍBLICO

Muchas iglesias operan sobre el supuesto de que a medida que el conocimiento bíblico de una persona aumente, su madurez aumentará con él. He estado en iglesias que enseñan la Biblia toda mi vida, y puedo *asegurarte* de que esto, en el mejor de los casos, es extremadamente insuficiente.

Los protestantes, creo que correctamente, enfatizan el poder de las Escrituras para formarnos a la imagen de Jesús. "Toda la Escritura es inspirada por Dios *y útil...*".[33] Jesús mismo era rabí. Sus enseñanzas estaban saturadas de ella a la novena potencia. Pero somos fácilmente cegados por otras suposiciones occidentales, tales como la famosa frase de Rene Descartes: "Pienso, luego existo". Fácilmente podemos caer en una visión antibíblica del alma humana como una especie de cerebro con patas. Como dijo célebremente Thomas Edison: "La función principal del cuerpo es llevar el cerebro para todas partes".

Pero el filósofo James K. A. Smith lo expresó bien: "No puedes forjar la semejanza de Cristo en tu vida pensando".[34] Porque practicar el Camino de Jesús es menos como aprender física cuántica y más como aprender aikido. Es algo que haces con todo tu cuerpo. El amor no es una teoría intelectual, es un modo de ser que se encarna.

Esta es la razón por la cual la información por sí sola no produce transformación. Porque saber algo no es lo mismo que hacer algo, lo cual *tampoco es lo mismo que convertirse en la clase de persona que hace algo naturalmente como resultado de una naturaleza interior transformada.*

Por ejemplo: ¿luchas con la ansiedad o el temor? Yo sí. Y supongo que tú, al igual que yo, sabes que Jesús te manda no temer. Tu problema (y el mío) no es la falta de información. O incluso la falta de inspiración. Todos deseamos ser libres del temor. El problema es cómo aplicar lo que *ya sabes* y *profundamente anhelas* a tu sistema nervioso central, cómo superar los hábitos de temor que están entretejidos en la neurobiología de tu propio cuerpo.

O pongamos otro ejemplo: la generosidad. Si hicieras un examen sorpresa a cada simple cristiano sobre la tierra y le preguntaras: "¿Dios te llama a ser generoso?", el cien por ciento respondería que sí. Entonces, ¿por qué no hay más generosos entre nosotros? El problema no es que no sepamos la "respuesta correcta", sino que las enseñanzas de Jesús sobre el dinero no han penetrado a las partes más profundas de nuestro ser.[35]

El punto es que la asistencia a la iglesia, los buenos sermones, el estudio bíblico regular, todas esas cosas son *buenas*, incluso *esenciales*. Pero debemos ser sinceros: en sí mismas, no tienen mucha eficacia en lograr un alto nivel de transformación en un gran número de personas.

Estrategia perdedora #3: una descarga del cielo

Yo le llamo a esta "la teoría Matrix de la formación espiritual". ¿Recuerdas la escena en la Matrix original donde Neo y Trinity están atrapados en el cielorraso (sí, esa escena)? Ellos necesitaban una ruta de escape y hay un helicóptero, y Trinity no sabe pilotearlo. Pero eso no es un problema en la Matrix. Llama al operador y le dice: "Tank, necesito un programa piloto para un helicóptero V2-12, ¡rápido!". Ves sus ojos oscilando de un lado a otro y luego, ¡bum!: ahora ya sabe pilotear el helicóptero. Ellos esquivan a Mr. Smith con facilidad.

Así es como mucha gente piensa de la formación espiritual: esperan que se "descarguen" los datos del cielo y radicalmente sean transformados en un abrir y cerrar de ojos.

En el mejor de los casos, se trata de una legítima visión superior del poder del Espíritu Santo para cambiarnos profundamente a través del encuentro con Él; para quebrar algunas fortalezas de nuestra vida, sanar nuestros recuerdos, reconfigurar nuestro sistema nervioso y tocar nuestro cuerpo. Me atrevo a decir que cualquier teoría de cambio que *no incorpore* la necesidad de momentos de avances significativos solo tendrá resultados limitados.

Pero en el peor de ellos, esto es pereza, pura y simple, porque es mucho más sencillo ir a la iglesia una vez por semana, colgarse de una onda espiritual y orar por una descarga del cielo, que hacer la cotidiana y nada glamorosa tarea del discipulado. Este abordaje puede ser solamente otra búsqueda de un arreglo rápido, un atajo, lo que el psicólogo John Welwood llama "evitación espiritual", que no es otra cosa que cubrir nuestro dolor y hacer que Jesús nos "arregle". De ahí el auge de los "adictos a las conferencias", que persiguen la siguiente ola espiritual, o de los que van a la iglesia, pero no a terapia.

Jesús está en el negocio de sanar las almas, pero mientras que en los cuatro evangelios hay docenas de historias de Jesús sanando al instante los *cuerpos* de las personas (lo cual, dicho sea de paso, casi siempre son seguidas de instrucciones que Él les da para *hacer* algo a continuación como el paso siguiente), no parece hacer lo mismo con el *carácter* de las personas. *No hay una sola vez* en la que simplemente levante su mano y con eso le quite a la persona un mal hábito o un rasgo horrible de personalidad en uno de sus aprendices. Lo contrario también es cierto: vemos la obstinada pecaminosidad permanecer en sus vidas por muchos años. Jesús no los atacó; siguió enseñándoles, reprendiéndolos y amándolos, dándoles tiempo para crecer y madurar.

Los milagros, las victorias en lo emocional, los momentos profundos de cambios radicales *ocurren*, y *deben* ocurrir; pero no son la senda diaria del discipulado. Al igual que un estirón en el crecimiento o una cirugía invasiva en un niño o adolescente, son una parte esencial de nuestro crecimiento como personas, pero *la mayor parte* de nuestro crecimiento será una maduración lenta, hacia la adultez. Un rayo del cielo no es la solución.

Lo reitero: *estas tres* estrategias ponen de manifiesto algo clave: la centralidad de nuestra voluntad, el rol de las Escrituras y nuestra necesidad de encuentro. Sin embargo, aisladas, no parecen funcionar tan bien como crees.

¿Por qué?

Porque hay dos problemas...

Problema #1: el pecado

Lo primero es lo que los cristianos llamamos "pecado".

Reconozco que un número cada vez mayor de personas tiene alergia emocional a la palabra "pecado", pero pecado es precisamente la palabra que usamos para llamar a la experiencia sentida de la condición humana con la que todos los pensadores brillantes concuerdan —antiguos, modernos, orientales, occidentales, religiosos, seculares—; todos cuadran en este punto específico: algo está profundamente *errado* en el corazón humano.

No es solo que hacemos cosas terribles, sino peor aún; es que a menudo *queremos* hacer cosas terribles. Incluso cuando *no* queremos hacerlas, con frecuencia nos sentimos atraídos a hacerlas, como un drogadicto atrapado en una espiral contraproducente.

Los redactores del Nuevo Testamento hablan de pecado no solo como una acción sino como una condición; la de "estar en pecado". Metemos la pata, ofendemos, lastimamos, traicionamos, olvidamos, decimos cosas que luego lamentamos. "Errar es humano". Llamar a las personas "pecadoras" no es emitir juicio más que cuando un doctor le dice a su paciente que tiene una enfermedad en el hígado. Es simplemente ser sinceros.

Para avanzar en nuestra formación *debemos* enfrentar nuestro pecado. De otro modo la travesía espiritual será como tratar de correr un maratón con una pierna quebrada y un cáncer en etapa cuatro. ¡Que tengas suerte!

Quédate conmigo unos minutos, porque lo siguiente es clave para que lo entiendas. En la teología bíblica, hay tres dimensiones del pecado:

1. EL PECADO QUE COMETEMOS NOSOTROS

Es el más obvio. Repito lo que dije antes: es cuando la embarramos. Nos olvidamos de llamar a casa el día de la madre, tenemos un amorío, hablamos mal de nuestros hijos, mentimos para salvar el pellejo; inventamos excusas en vez de disculparnos, mentimos para quedar bien.

Francis Spufford, el irreverente, pero astuto, autor de *Unapologetic: Why, Despite Everything, Christianity Can Still Make Surprising Emotional Sense* [Sin vergüenza: Por qué a pesar de todo el cristianismo todavía tiene un sorprendente sentido emocional] lo llama LTHAE, la abreviatura de "La tendencia humana a embarrarla" (solo que no usa la palabra "embarrarla").[36]

2. EL PECADO COMETIDO CONTRA NOSOTROS

El pecado que nosotros cometemos no es la única dimensión. Todos hemos sido heridos, lastimados, despreciados, traicionados, abandonados, tratados con injusticia, acusados falsamente, difamados, calumniados, robados. En definitiva, otros pecaron *contra* nosotros. Somos tanto perpetradores como víctimas, culpables y heridos.

Una de las correcciones generacionales que vienen de los *millennials* y de la Generación Z (con todas sus *hiper*correcciones, por supuesto, que es como funciona inevitablemente) es el reconocimiento de que *nuestra maldad está ligada a nuestra herida.* "Las personas heridas, hieren", como dice el refrán, y es cierto.

Comenzando desde nuestros primeros días de vida, acumulamos una serie de recuerdos dolorosos que llevamos implícitamente en nuestro cuerpo y, trágicamente, a pesar de todas nuestras buenas intenciones, a menudo las volcamos sobre los que tenemos más cerca. Fíjate en las desgarradoras estadísticas del número de abusadores que fueron abusados, infieles que habían sido engañados ellos mismos, críticos que recibieron duras críticas, etc.

Una parte *clave* de nuestro peregrinaje espiritual hacia la plenitud, especialmente para aquellos que han atravesado experiencias traumáticas, es la sanidad de los recuerdos, tanto en la mente como en el cuerpo mismo. La reparación de un alma rota por el pecado cometido contra nosotros.

Y finalmente...

3. El pecado que se comete a nuestro rededor

Dada nuestra cultura extremadamente individualista, a menudo perdemos de vista esta última dimensión, pero el testimonio de las escrituras es inequívoco: nuestro entorno nos ha pervertido. Llamémosle "trauma secundario", como los psicólogos, o "el mundo", como lo llamó Jesús. Es similar a respirar aire viciado o tóxico; nadie te tildaría de "culpable" en una corte judicial, pero eso no lo hace menos letal.

Esta es una de las mejores maneras de hacer que la doctrina cristiana del pecado original tenga sentido. Esto dice Kallistos Ware:

La doctrina del pecado original significa que nacimos en un ambiente en donde es fácil hacer lo malo y difícil y hacer lo bueno; es fácil lastimar a otros y difícil curar sus heridas; es fácil levantar sospechas contra el hombre y difícil ganarse su confianza. Significa que cada uno de nosotros está condicionado por la solidaridad de la raza humana en su acumulación de malas acciones y malos pensamientos y, por lo tanto, de mal ser. Y a esta acumulación de maldad hemos agregado nuestros propios actos deliberados de pecado. El abismo se hace cada vez más amplio.[37]

¡Tan bien dicho! Vivimos en un mundo en donde "es difícil hacer lo bueno".

Ahora bien, esta es la razón por la que te muestro esta triple categoría (no para deprimirte): la mayoría de las personas se enfocan en el #1, pero no en el #2 y #3 y, como resultado, no se dan cuenta de lo desesperada que es nuestra situación.

Uno de los motivos de esto es que los cristianos occidentales (protestantes y católicos juntamente, pero en especial los protestantes) le han pensado mayormente al pecado a través del paradigma de inocente/culpable, lo que los teólogos llaman una visión "forense" (es decir, legal) del pecado. La idea básica es que Dios es un Dios *moralmente serio*; no solo es amoroso sino compasivo, pero también es justo y santo. Somos culpables delante de su ley de justicia, y nuestra esperanza es el perdón de Cristo. Las buenas noticias son que Cristo "es justo y, a la vez, justificador".[38]

Esta es una visión bíblica, pero no es *la* visión bíblica. Es solo la que ha recibido más énfasis en el occidente por los últimos siglos. La mayoría de las personas no se da cuenta de que hay toda clase de paradigmas (llamadas "teorías de expiación") para entender el pecado en el compendio de las Escrituras.

- Culpa/Inocencia
- Honra/Vergüenza
- Poder/temor
- Limpio/Profano
- Pertenecer/Estar perdido
- Shalom/Caos
- Esperanza/Desesperación[39]

Y esto es solo por nombrar algunos. Todos estos son verdad y ninguno contradice o compite en prioridad. El problema no es que los occidentales miremos el pecado a través de los lentes del binomio culpa/inocencia, sino que a menudo lo vemos *solamente* desde un ángulo y, al hacerlo así, perdemos de vista el cuadro completo. Hasta que no lleguemos a ver el pecado en toda su complejidad, como mucho *más* que quebrar las leyes judiciales, nos quedaremos estancados en una disfunción que afecta nuestro presente y que afectará toda nuestra vida.

Con ese objetivo, un paradigma que encuentro especialmente útil para el propósito de la formación espiritual es la idea del pecado como alguna clase de enfermedad del alma y la salvación como la curación integral de la persona.

Así lo expresa el psicólogo cristiano y experto en traumas, el Dr. Dan Allender: "Rara vez vemos el pecado, a primera vista, como lo que verdaderamente es: debilitante y deformante".[40]

Jesús dijo célebremente: "No son los sanos los que necesitan médico, sino los enfermos. No he venido a llamar a justos, sino a pecadores para que se arrepientan".[41] En su analogía, el pecado era como una enfermedad, y Él era el médico. El arrepentimiento no consiste en solo suplicar misericordia delante de un juez; es abrir tu alma herida ante el doctor. Basados en esto, los cristianos primitivos llamaban a Jesús "el médico del alma".

Escucha a Ignacio de Antioquía, un padre de la iglesia del siglo I, que fue guiado por el apóstol Juan (esto te dará una visión más clara de cómo los primeros cristianos pensaban acerca de la salvación). Él dijo:

> Pero nuestro Médico es el único Dios verdadero (...) Jesús, el Cristo (...) Él se sujetó a corrupción, para poder liberar nuestras almas de la muerte y la corrupción, y sanarlas, y poder restaurarlas a su salud, cuando estaban muertas en impiedad y malos deseos.[42]

¿Así es como piensas acerca del pecado? ¿Como una enfermedad fatal?

¿Así es como piensas de Jesús? ¿Como un médico del alma?

Pocas personas entienden que la palabra griega que se traduce por "salvado" en el Nuevo Testamento es *soteria*, y es la misma que a su vez se tradujo como "sanado".[43] Así que, cuando lees que Jesús "salvó" a alguien o lees que "sanó" a alguien, *estás leyendo exactamente la misma palabra*. Jesús intencionalmente desdibujó la línea que existe entre salvación y sanación. En una ocasión, después de sanar a una mujer que había tenido una enfermedad crónica por doce años, le dijo: "Hija, tu fe te ha sanado. Vete en paz..."[44] Algunas traducciones dicen "te ha sanado" y otras "te ha salvado". ¿Por qué? Porque la salvación *es* una clase de sanidad.

La salvación no es solo volver al lado correcto de la misericordia de Dios a través de la absolución judicial, sino sanar tu alma por medio del toque amoroso de Dios. Irónicamente, el mismo pecado que nos separa de una relación con Dios solo puede ser sanado *por* Él. Aun así, necesitamos ser salvados.

Y el inicio de nuestra sanidad/salvación es lo que los cristianos llamamos "confesión". La confesión es una práctica medular del Camino y, contrario a lo que muchos piensan, no se trata de castigarte en público; se requiere que con coraje nombres tu herida y tu maldad en presencia de una congregación amorosa, para que juntos puedan caminar hacia la plenitud. No se trata solamente de confesar el pecado, sino la confesión de lo que es *verdadero*: quién eres hoy, quién es Cristo y quién verdaderamente eres tú en Cristo. Es salir del escondite por medio de la aceptación y dejar atrás la vergüenza.

Y así la confesión es nuestra parte en la lucha contra el pecado. Dios es el médico; nosotros el paciente. Todo lo que podemos hacer es exponer nuestro pecado a su luz. Su tarea es lidiar con nuestro pecado; *la nuestra es confesar los secretos*. Es vivir de una manera abierta, verdadera, desnuda, delante de Dios en comunidad.

El mejor ejemplo de confesión en el que puedo pensar es, otra vez, el de Alcohólicos Anónimos. Al comienzo de una reunión, cuando la gente dice: "Hola, mi nombre es Sarah y soy alcohólica", eso es confesión, y es más que pedirle disculpas a Dios en tu mente en la iglesia.

Es altamente probable que cualquier modelo de formación espiritual que funcione, tendrá alguna clase de semejanza con AA,[45] con sus tres elementos: 1. Una autoconciencia, sinceridad y confesión radicales; 2. Rendición completa al poder de Dios; y 3. Una congregación afectuosa y fuertemente unida a la que amar y ante la cual hacerte responsable, para convertirte en tu verdadera versión. Quita alguno de estos elementos tripartitos y se derrumbará todo.

Lo que quiero decir es: el camino a la sanidad *comienza* con ponerle nombre a tu enfermedad. Como dijo una vez el activista James Baldwin: "No todo lo que enfrentamos puede cambiar, pero nada puede cambiar hasta que lo enfrentamos".[46]

El problema es que los seres humanos resistimos enfrentar la realidad. La capacidad humana para el autoengaño es asombrosa. Pero cuando se trata del pecado, la ignorancia *no es* motivo de dicha. Es un cáncer haciendo metástasis en nuestro torrente sanguíneo. El diagnóstico antecede a la cura. Hace mil quinientos años, Evagrio Póntico dijo: "El comienzo de la salvación es condenarse a uno mismo". Él estaba diciendo que hasta que no nombremos nuestro pecado no podremos ser salvados de él.

Eso significa que debemos empezar por poner *todas* las cosas delante de los ojos amorosos de Dios. Es solo cuando seamos transparentes con Él, con los demás y con nosotros mismos acerca de todas las formas en las que hemos fallado en amar, que entraremos al proceso transformacional de convertirnos en personas amorosas.

Dicho de otro modo: *cuanto más escondemos, menos sanamos.*

Problema #2: ya has sido formado

Digamos que estoy completamente extraviado y tú no tienes ningún cáncer en el alma que necesite curación, que eres intrínsecamente bueno, íntegro y capaz de todas las cosas por tus propios medios. Otra vez, nosotros los cristianos no creemos esto, pero por causa del ejemplo, digamos que tu alma comienza como una hoja en blanco (cof, cof...)

Si tu meta es ser como Jesús, todavía tendrás un gran problema: *ya has sido formado*. *Cómo* nos convertimos en *quienes* nos convertimos es un misterio sagrado, que desafía a las mentes más brillantes de la ciencia y la espiritualidad. Debemos aproximarnos a esta pregunta con un espíritu de humildad. Pero hay un sorprendente nivel de acuerdo en todas las tradiciones y disciplinas.

Somos formados por al menos tres fuerzas básicas:

#1. LAS HISTORIAS QUE CREEMOS

Somos criaturas con historia. El guionista Bobette Buster llama a los seres humanos "animales de narrativa". Nuestro sistema nervioso central está configurado por Dios de modo que busque significado en las cosas, que elabore lo que los neurólogos llaman "mapas mentales" de la realidad. Del mismo modo en que tenemos mapas mentales para llegar de casa al almacén o a nuestra cafetería favorita, los tenemos para todo en la vida: sexo, relaciones, dinero, trabajo, Dios, etc. Historias sobre lo que es la buena vida y cómo hallarla.

Las historias que creemos dan forma a miles de decisiones cotidianas, dan forma a lo que hacemos (o no hacemos) y a quienes nos convertimos. Y, como le gusta decir a mi amigo Pete Hughes, de Kings Cross Church en Londres: "La historia con la que vives es la historia que vives".[47]

Tomemos por caso el dinero: si crees la historia popular de que más dinero equivale a más felicidad, entonces la buena vida se tratará sobre logros y acumulación, y eso te formará en una cierta clase de persona; alguien que está motivado por la codicia, envidia, descontento, distraído de Dios, nunca satisfecho e incluso hasta un poco deshonesto y cruel.

Si crees, por otro lado, la visión de Jesús del dinero, que todas las cosas buenas de la vida son dones de Dios pero que la riqueza hace que sea más *difícil*, y no más fácil, para la mayoría de nosotros entrar al reino, esa libertad de tu deseo latente por más se halla a través del dar, no del tener, que siguiendo su Camino de austeridad, generosidad y hospitalidad te ayudará a vivir "libre y liviano". Si crees *esa* historia, eso también te formará en una clase de persona muy diferente y más como Jesús.

Escoge tus historias con cuidado. Ellas determinarán en qué te convertirás.

Somos formados por las historias que creemos. Lo siguiente, somos formados por...

#2. Nuestros hábitos

Se ha hecho toda clase de trabajos en las últimas décadas para recalcar lo que el periodista Charles Duhigg llamó el "poder del hábito".[48] En resumen: somos un poco más que el efecto acumulativo de nuestros hábitos regulares. Lo que hacemos repetitivamente, en eso nos convertimos.

Las cosas que hacemos hacen algo en nosotros. Se meten en el centro de nuestro ser y moldean nuestros amores y deseos.

Creemos que solo estamos viendo Hulu o bebiendo otro vaso de vino o comprando una nueva blusa, pero debajo de la superficie está pasando algo más: le estamos haciendo algo a nuestro corazón. Estamos cambiando el punto de apoyo de nuestro ser interior en una dirección en particular.

Otra vez, por sí mismo, esto es moralmente neutral; puede ser bueno o malo. El punto es que: *es.*

Nos convertimos en lo que hacemos.

Y finalmente...

#3. NUESTRAS RELACIONES

No necesitas un doctorado en piscología clínica para darte cuenta de que nos volvemos como aquellos con los que pasamos tiempo. Es probable que te vistas como tus amigos, votes, pienses, gastes tu dinero, y *vivas* como ellos.

Todos lo hacemos. Nos volvemos *como* las personas que amamos y con las que vivimos.

En ningún otro lugar esto es más cierto que respecto de nuestra familia de origen. Como dice el refrán: "Jesús puede vivir en tu corazón, ¡pero el abuelo vive en tus huesos!"[49] También es cierto respecto a la etnicidad, nacionalidad, ciudad, universidad, lugar de trabajo, redes sociales y más.

Como discípulos de Jesús debemos discernir con cuidado las maneras en las que hemos sido formados (o malformados), no por el reino sino por nuestro apellido, nuestra herencia familiar, nuestra tribu política o nuestro código postal.

Lo que quiero decir es que *ahora mismo, actualmente, mientras hablamos*, estás siendo formado por una red compleja de ideas, narrativas culturales, pensamientos recurrentes, hábitos, ritmos diarios, patrones de consumo, relaciones, lazos familiares, actividades, entorno, y mucho más. *Y todo tan solo por despertarte y comenzar a hacer tu vida.*

No tenemos el lujo de ser una hoja en blanco; hay fuerzas —dentro y fuera— con un interés creado en que nosotros no nos volvamos semejantes a Jesús. Por lo tanto, *toda formación cristiana es una contraformación*. En Romanos 12:2 (RVA 2015), Pablo escribe:

No se *conformen* a este mundo; más bien, *transfórmense...*

Observa las dos opciones: "conformarse" o "transformarse". Dato *nerd* sobre la Biblia: ambos verbos están en presente pasivo imperativo. La traducción es que es un mandato de hacer algo que *ya* está sucediendo. *Ya* estás siendo "conformado" o "transformado".

No hay opción C.

Pablo está escribiendo a los discípulos de Jesús en la ciudad de Roma, una máquina de formación que haría palidecer a Los Ángeles o Londres en comparación. La meta expresa de la propaganda imperial era tomar a los ciudadanos de entre un amplio abanico de culturas colonizadas y hacerlos más *romanos*; la meta de Pablo era tomar a los romanos y hacerlos más *cristianos*.

Pero observa también que la configuración por defecto es el conformismo, *no* la transformación. Es decir que, si no tomamos en serio nuestro discipulado de Jesús, existe una alta probabilidad de que nos volvamos menos como Jesús con el tiempo y *más* como "Roma" (o como Los Ángeles, Auckland o Lagos, etc.).

La novelista Flannery O'Connor una vez aconsejó: "Empuja tan fuerte como la época que te empuja tan fuerte a ti".[50] Tenemos que hacer retroceder las fuerzas que parecen deformarnos, impidiéndonos alcanzar nuestro potencial en Jesús.

Esto probablemente empiece con una clase de inventario de vida —una mirada franca a todas las fuerzas actuales de nuestra vida que están deformándonos a la imagen de este mundo, de la carne y del diablo— y su reemplazo intencional con historias, hábitos y relaciones que nos guiarán al proceso de formación a la imagen de Jesús. Para eso tendremos que aceptar que *todo* en la vida es formación espiritual. Cada momento de cada día es como una liturgia, un ritual sagrado diseñado para moldear nuestros corazones. En su libro *Liturgy of the Ordinary* [Liturgia de lo ordinario], Tish Harrison Warren escribe:

> Examinar mi liturgia diaria como *una liturgia* —como algo que revelaba y moldeaba aquello que amo y adoro— me permitió entender que mis prácticas diarias me estaban malformando, haciéndome menos viva, menos humana, menos capaz de dar y recibir amor a lo largo del día.[51]

La alternativa es practicar el Camino; asumir una constelación de opciones de vida distintas a las de la mayoría de la cultura que nos rodea; que apunten a nuestro amor y anhelo de unión con Dios y nuestra formación a su semejanza.

Podemos hacerlo retroceder. Podemos asociarnos con Jesús para volvernos *como* Jesús, un ser humano que está, como la saga antigua de Ireneo lo presenta, "plenamente vivo". Por supuesto, esto nos lleva a la pregunta esencial: *¿cómo?*

Una teoría del cambio en progreso

Aviso: lo que estás a punto de leer no es una verdad mayúscula.

Aun así, puede ser muy útil.

Lo que sigue es mi mejor intento de sintetizar la Escritura, la psicología, la neurobiología, lo mejor de las ciencias sociales, la alta literatura y más.

Lo llamo "una teoría en progreso" porque es una *teoría*, no fría, hechos duros; pero también "en progreso" porque es dinámica. Pasé años viviendo en este paradigma, como pastor y como aprendiz de Jesús, y aunque no hay fórmula mágica para el alma, este es un sendero confiable hacia la transformación.

Para poder abarcar adecuadamente la siguiente teoría del cambio, se necesitaría otro libro (quédate en sintonía), pero permíteme darte un panorama bien amplio. Esta es mi mejor versión sobre la contraformación.

Formación espiritual intencional

Contrario a las historias en las que creemos está...

#1. LA ENSEÑANZA

Otra palabra que podemos usar aquí es "verdad". Jesús vino como rabí, un maestro, un contador de verdades. ¿Por qué? En parte porque el rol de la verdad es central para nuestra formación espiritual.

Como escribí anteriormente en *Vivir sin mentiras*, una de las cosas que separa a los seres humanos de los animales es nuestra capacidad de imaginación. Tenemos la capacidad de albergar la irrealidad en nuestra mente, de imaginar lo que todavía no existe, y luego traerlo a la realidad a través de nuestro cuerpo. Eso es lo que permite la creatividad humana, desde escribir una novela a volar a Marte o cocinar enchiladas. Trágicamente, esta capacidad también es nuestro talón de Aquiles, porque no solo podemos contener la irrealidad en nuestra mente, sino que también podemos llegar a *creerla*, poniendo así nuestra confianza en una mentira, y luego, a través de nuestro cuerpo, vivir como si esa mentira fuera verdad.

Por ese motivo, cuando el diablo viene a Eva en el Edén, no viene a ella con un palo, sino con una idea. Porque las ideas y los sistemas de ideas de la sociedad caída son el principal negocio del maligno. Él nos hace creer mentiras.

Pero la *mejor* enseñanza hace algo más que simplemente informarnos: se mete en nuestra cabeza con una visión de la buena vida. Socava las historias en las que creemos; dice "esto es verdad" y "esto es mentira". Cambia nuestro punto de apoyo. Reconfigura nuestros mapas mentales hacia la realidad, haciendo posible que vivamos alineados con la realidad de tal modo que prosperemos y crezcamos de acuerdo con la sabiduría y buenas intenciones de Dios.

Por supuesto, en ninguna parte esto es más cierto que en la enseñanza que recibimos de Dios, porque nos convertimos en un reflejo de la visión de Dios en nuestra mente e imaginación, para mejor o para peor. Como dijo Tozer: "Lo que viene a su mente cuando piensa en Dios es la cosa más importante acerca de usted".[52] Por esta razón, la formación espiritual en el Camino de Jesús comienza con la sanidad de las falsas imágenes que tenemos acerca de Dios. Si la visión que una persona tiene acerca de Dios está distorsionada —si lo ve como un Dios rudo o humillante, o airado crónicamente, o... como liberal, *laissez faire* y que está simplemente para defender su placer sexual— cuanto más religiosa se vuelva, peor persona será. Porque nos volvemos como aquel que creemos que Dios *es*.

Así que, para contrarrestar el aluvión diario de mentiras directas que recibimos del mundo que nos rodea, como aprendices de Jesús debemos, al igual que todo buen estudiante, priorizar la exposición a la enseñanza y la verdad. Todas estas son algunas maneras de hacerlo:

- Leer las Escrituras
- Memorizar textos bíblicos
- Estudiar la Biblia
- Escuchar sermones
- Escuchar podcasts
- Leer libros
- Meditar

...solo por nombrar algunas.

Pablo lo llamó la "renovación de nuestra mente" y es el eje de nuestra formación. Pero obtener las buenas ideas en nuestra mente es solo el comienzo. Recuerda el "mito": la información por sí sola no es suficiente para cambiarnos.

A continuación, en contra de nuestros hábitos están...

#2. LAS PRÁCTICAS

En la historia de Jesús, según el biógrafo Mateo, encontramos la más importante colección de sus enseñanzas agrupadas en un solo lugar. Lo llamamos "el Sermón del Monte" y es un tesoro de valor incalculable. Lamentablemente, existe una tradición de *larga* data en la iglesia de encontrar maneras "creativas" para justificarlo. Muchos teólogos han argumentado que es irrealista vivir de esta manera y que simplemente es impracticable. Pero haciendo una lectura más minuciosa te das cuenta de que, aunque es cierto que Jesús pone la vara alta, está increíblemente al tanto de las limitaciones de nuestra humanidad. En este sermón, Jesús da por sentado que vamos a tener pensamientos de lujuria y que vamos a querer divorciarnos, que vamos a querer insultar y amaremos el dinero y nos preocuparemos por lo que nos depara el futuro. Lo que es fácil de olvidar en el Sermón del Monte es que Jesús también presupone que vivir su Camino va a requerir algo de práctica.

Una de las *primeras* cosas que Jesús dice, justo antes de su oración inicial, es:

> ... el que los *practique* y enseñe [a los mandamientos] será considerado grande en el reino de los cielos.[53]

Y la última cosa literalmente que dice es un eco:

> Por tanto, todo el que me oye estas palabras y las pone en práctica...[54]

Jesús comienza y termina el Sermón del Monte con un llamado a practicar.

Con todo, muy pocos pensamos en seguir a Jesús como una práctica. Volviendo a Richard Foster, después de décadas de enseñar sobre la formación espiritual por todo Norteamérica, concluyó que la mayoría de las personas creen que crecerán hasta ser más como Jesús a través de *esforzarse*, en vez de en *entrenar* con esmero, cuando lo contrario es la verdad.

Déjame darte una analogía. Digamos que estás fuera de forma, con sobrepeso, y eres asmático, pero decides que quieres correr una maratón. ¿Cómo lo haces? Te compras un par de zapatillas Nike, sales a caminar, ¿y te *esfuerzas* mucho para correr 26.2 millas (42,19 km)? Claro que no. Eso es una tontería. ¿Qué sucedería? Correrías unas millas y luego colapsarías al costado del camino con un derrame pleural. ¿Por qué? Porque actualmente no eres la clase de persona que puede correr una maratón.

No es que sea imposible correr una maratón, pero lo es para ti *ahora* mismo en esas condiciones. Entonces, ¿cómo lo haces posible? Simple: entrenando. Te atas los cordones, sales a caminar, y trotas una milla. Cada día. A la semana siguiente corres dos millas. A la siguiente, tres. Si alguna vez corriste una maratón, sabrás que básicamente le agregas una milla cada semana a tu carrera a largo plazo. Tres millas se convierten en cinco, y luego en diez y después en veinte.

¿Y qué ocurre? A la larga —a través del entrenamiento— cambias. Te conviertes en la clase de persona a la que correr 26.2 millas le resulta difícil (*siempre* será difícil), pero ya no imposible. Está dentro de tu capacidad como persona. Y luego está esa dulce sensación que viene después de todo ese entrenamiento: salud, energía, capacidad, gozo. Llegamos a eso de una milla a la vez.

El problema es que *muy pocos* vemos la formación espiritual de este modo, como un entrenamiento.

Ahora bien, esta analogía se derriba, como todas lo hacen. Que conste que no estoy diciendo que podemos lograr la semejanza de Cristo a través de nuestro esfuerzo "pelagiano" solamente. Recuerda lo que dije acerca de la gracia. Necesitamos un poder superior para cambiar (sigue leyendo, no te vayas).

Lo que estoy *diciendo* es que necesitamos *practicar* el Camino de Jesús, no que salgas y lo hagas. A pesar de todo lo que se dice en nuestra iglesia pro-gracia y anti-obras, mucha gente sigue intentando vivir las enseñanzas de Jesús basándose en el conocimiento bíblico y en la fuerza de voluntad. Oímos clichés como "Confía en Dios", o "No puedes hacerlo en tus fuerzas". Todo eso es cierto, pero casi nunca aprendemos cómo confiar en la gracia y recurrir a la energía de Dios cuando más las necesitamos.

Entonces, pongamos el foco en esta idea de la práctica y démosle una oportunidad más: a lo que me refiero con "práctica" está más precisamente representado en las prácticas de Jesús, también conocidas como "disciplinas espirituales". Son actividades esenciales que emprendemos como discípulos de Jesús, y que nos ayudan a habituar las respuestas automáticas al pecado en nuestro cuerpo y reemplazarlas con la guía del Espíritu. Son intentos por copiar el ejemplo del estilo de vida de Jesús, con la esperanza de experimentar su vida, la vida que anhelamos con toda la médula de nuestros huesos.

Por ejemplo: digamos que quieres obedecer la enseñanza de Jesús en el Sermón del Monte de "no preocuparte". Quieres tener una presencia no ansiosa en este mundo. ¿Cómo lo logras? ¿Escuchas un buen sermón sobre Mateo 6 y simplemente sales de allí... y no te preocupas más?

¿Qué tal te funciona eso?

Supongo que no muy bien.

Para la mayoría de nosotros, que nos digan que tenemos que vivir sin ansiedad es como si nos dijeran que tenemos que correr una maratón. No podemos hacerlo. No *todavía*. Entonces, ¿cómo hacemos para vivir sin preocuparnos? Bueno, tenemos que *volvernos la clase de personas* que han aprendido a confiar en Dios tan profundamente que son libres del temor. Para *llegar a eso* tenemos que entrenar (o reentrenar) nuestro cuerpo y mente. Entonces, sí, escuchamos un buen sermón sobre Mateo 6 *y* practicamos el Sabbat —separamos un día entero para practicar el confiar en Dios y pasar tiempo en el lugar secreto, donde dejamos todos nuestros temores a los pies de Dios— *y* vivimos en comunidad, donde otros nos alientan, *y* practicamos la generosidad, para liberar nuestro corazón de amores vacíos, etc. Y en un *largo período de tiempo*, nuestra ansiedad gradualmente es remplazada por una paz y una confianza inamovible en Dios.

Entrenar, no esforzarnos. Practicar…

#3. LA COMUNIDAD

No se puede seguir a Jesús solo. No digo "no se debe", digo "no se puede". Ni siquiera es una opción. Jesús no tenía un discípulo, tenía *discípulos* en plural. Él llamó a las personas a ser aprendices de él en comunidad.

La comunidad es como la incubadora de nuestra formación espiritual. Como dijo el Dr. Joseph Hellerman: "Las relaciones interpersonales a largo plazo son la prueba del progreso genuino en la vida cristiana. La gente que permanece también crece. La gente que abandona no crece".[55]

La salvación misma es una experiencia comunitaria. Una de las primeras representaciones de la salvación en el Nuevo Testamento es la de la adopción. A través de la obra expiatoria de Jesús, hemos sido adoptados a la familia de Dios. Siendo un padre adoptivo, esa imagen es especialmente conmovedora para mí. Cuando T y yo adoptamos a nuestra hija, Sunday, instantáneamente ella se convirtió en mi hija, *y* en hermana de Jude y de Moses. Los chicos enseguida se llevaron bien (mayormente), pero incluso cuando no, ella no tenía otra opción. Ser una Comer era convertirse tanto en hija como en hermana. Lo mismo es cierto respecto de nuestra salvación: nos volvemos tanto hijos e hijas de Dios Padre *como* hermanos y hermanas unos de otros. Y estas son buenas noticias, incluso cuando es tan difícil, porque el núcleo de lo que está roto en la condición humana son las relaciones arruinadas, tanto con Dios como con la gente. El amor ha sido destrozado por la caída. El dolor, la traición y la soledad dañan el alma humana. Jesús nos salvó, salva y salvará de esta ruina, formando (a través de su programa de aprendices) una gloriosa nueva familia de amor.

Mientras esperamos por esta revelación, es vital que participemos en la iteración de la "ahora pero no todavía" familia de Jesús, la iglesia, que es hermosa, pero a la vez, profundamente defectuosa.

Los cristianos a menudo discuten cuál es la mejor forma de congregación, si es la megaiglesia o la iglesia en los hogares. O debatimos sobre los puntos más finos de la tradición eclesiástica: litúrgica vs. sermón-céntrica. Pero cuando más envejezco menos me preocupo por las formas y tradiciones, porque cada una tiene pros y contras. La clave es estar consciente de ellas y hacer lo mejor que puedes. Ahora, me preocupa mucho más la *cultura* de una iglesia. Si hay miles de personas alrededor de un escenario o diez o quince alrededor de una mesa, si adoran con rock moderno o leen en voz baja oraciones antiguas, solo me interesa esta pregunta: ¿esa congregación llama a las personas a un mayor nivel de discipulado? ¿O involuciona al menor común denominador de la madurez (o *inmadurez*)?

Por supuesto, hablar sobre la iglesia en abstracto es peligroso. Como dijo Bonhoeffer: "Aquellos que aman su sueño de una comunidad cristiana más que a la comunidad cristiana en sí misma se convierten en destructores de esa comunidad cristiana a pesar de que sus intenciones personales puedan ser muy honestas, fervientes y sacrificiales".[56] Él le llamó a esto "deseo soñador" de una iglesia ideal. Ninguna iglesia real puede estar a la altura de esa iglesia ideal, entonces terminan abandonando la iglesia por completo, o volviéndose cínicas: "La iglesia es una prostituta, pero ella es mi madre", como dice el terrible dicho.

Debemos abrazar *esta* iglesia, *este* pastor, *estas* personas, debemos perdonar estas carencias y celebrar *estas* fortalezas. La comunidad siempre es un viaje no abstracto hacia la realidad que debemos enfrentar. Sinceramente, puedo decirte, luego de más de una década haciendo vida en una congregación muy cercana, que es difícil, pero vale la pena. Todos tenemos historias para contar del dolor que sentimos cuando se hicieron las cosas mal, pero... ¿y cuando se hicieron las cosas bien?

Es un atisbo de eternidad en el tiempo...

Lo siguiente es...

#4. El Espíritu Santo

Ahora regresemos a la práctica de la presencia de Dios. *Él* es la fuente definitiva de nuestra transformación. Aquí es donde esta analogía se queda terriblemente corta. Las prácticas no solo fortalecen el músculo de nuestra voluntad (como al correr) sino que nos abren la puerta a un poder *superior* a nosotros, el poder para cambiar.

Es verdad, tenemos un rol que cumplir en nuestra formación, junto con Dios. Pero esta sociedad *no* es cincuenta/cincuenta. No tengo un cálculo exacto, pero simplemente digamos que Él es quien hace la parte más difícil. Es su poder, y solo el suyo, que puede cambiar, sanar, reparar y renovar las partes más dañadas de nuestra alma.

La cristificación en nuestro interior no es el resultado de la correcta aplicación de las disciplinas espirituales, de encontrar "una buena iglesia" o de dominar bien la técnica del buen vivir; siempre es por pura gracia. Nunca trabajarás más duro por alguna otra cosa en tu vida que por el carácter cristiano, y nada te parecerá un regalo tan inmerecido. Es una paradoja que simplemente tienes que experimentar por ti mismo.

Cuando lleguemos al final de nuestro largo viaje y miremos atrás a ver cuán lejos hemos llegado, exclamaremos con todos los santos: "La salvación" —correctamente entendida como la sanidad de nuestro ser integral— "viene de nuestro Dios".[57]

Finalmente, ocurre...

#5. CON EL TIEMPO

No nos volvemos como Jesús de la noche a la mañana, sino a través de "una larga obediencia en la misma dirección".[58] Es difícil de inculcar este concepto en nuestra cultura de gratificación instantánea, pero no hay para una Blinklist [una aplicación que resume libros en un instante] para el alma. Se precisa *tiempo*.

Por supuesto, tiempo aquí es un juego de palabras. (1) Nuestra formación llevará un *largo tiempo: toda una vida*. Pero (2) también requerirá una *gran cantidad* de tiempo. Y, al igual que en cualquier relación, cuanto más tiempo inviertas, mejor te llevarás. Entonces, por cuánto tiempo alguien haya estado siguiendo a Jesús será un factor importante en su nivel de madurez, como también lo será *cuánto tiempo* le haya dedicado *a Jesús* en su vida cotidiana.

"Estoy muy ocupado" es la excusa/obstáculo número uno que la gente enfrenta en la formación. Pero la dura verdad es que la mayoría de nosotros desperdiciamos grandes sumas de tiempo. Algunas estadísticas: el *millennial* promedio está con su teléfono más de cinco horas diarias;[59] la mayoría de los adultos entre 35 y 44 años miran más de treinta y tres horas de televisión por semana (casi un trabajo de tiempo completo). ¡Piensa en lo que podría hacer con solo una décima parte de ese tiempo!

Lo que sea que decidas, la clave para ser cada vez más santo es seguir caminando detrás de Jesús a largo plazo. Como dice el refrán: "Un cinturón negro es solo un cinturón blanco que nunca se rindió". Un santo es solo un aprendiz común y corriente que continuó con Jesús.

Por último….

#6. A TRAVÉS DEL SUFRIMIENTO

Un pensamiento final que nadie quiere escuchar, pero todos sabemos que es cierto: los momentos más difíciles en nuestra vida —los que temíamos y queríamos evitar a toda costa— son nuestro crisol, son los que tienen mayor potencial de formar nuestra vida a la imagen de Jesús.

Todos los escritores del Nuevo Testamento dan fe de este misterio sagrado.

Santiago nos dice que nos consideremos muy dichosos cuando tengamos que enfrentarnos a diversas pruebas, porque producen "constancia" en nosotros, y con el tiempo, madurez.[60] Pablo escribe que la perseverancia a su tiempo producirá "entereza de carácter; la entereza de carácter, esperanza".[61] El apóstol Pedro dice que nuestras pruebas deben ser "motivo de gran alegría",[62] porque son como el fuego purificador, que quema hasta el oro que está en el interior.

¿Lo ves?

Estas son las mismas cosas de las que nos escapamos, que evitamos a toda costa, que tememos, medicamos y negamos que contengan el secreto de nuestra liberación. Esos momentos de desdicha y gran dolor emocional, en su tiempo bellamente redentor, tienen el potencial —si nos abrimos a Dios en ellos— de transformarnos en personas maduras y llenas de gozo. El sufrimiento es la tristeza abandonando el cuerpo; es abrir el alma al gozo.

¿En dónde te está doliendo ahora mismo? ¿Estás atravesando dolor? ¿Estás sufriendo? El dolor del corazón solo puede expresarse con gemidos...

Este podría ser el momento de tu liberación.

Solo una cosa se requiere: comparte tu dolor con Dios.

Entonces, regresando a nuestra pregunta original: ¿Realmente podemos ser como Jesús? ¿La transformación es posible?

Sí, lo es.

Pero se precisará un plan intencional para la contraformación, algo que definiremos más adelante como la Regla de Vida.

Puedes cambiar, puedes crecer, puedes ser libre, puedes encontrar sanidad.

O, como diría Jesús, puedes ser salvado.

Terribles y maravillosas noticias: no tienes el control

Permíteme dejar en claro una última cosa: tú no tienes el control de tu formación espiritual. Esta es una de las lecciones más duras para los seguidores de Jesús hoy en día. No podemos controlar nuestro peregrinaje espiritual, la mayoría de las circunstancias de la vida y, ciertamente, mucho menos a Dios.

Nuestra era es la digital. De hecho, una interpretación del caos sociopolítico que reina en los últimos años en Estados Unidos es que no se trata de política en absoluto: es por la disrupción social causada por el cambio entre el mundo industrial y el digital.[63] Estamos viviendo un punto de inflexión en la historia de la humanidad y estamos sintiendo el vértigo de un mundo entero patas para arriba en tan solo unas pocas décadas.

Yo crecí en Silicon Valley y estoy bien al tanto del poder de la tecnología para el bien. Pero aun con todo el valor genuino que le agregó al mundo, la tecnología digital tiene al menos tres efectos desastrosos en la formación de nuestra generación. Nos ha creado una expectativa de que la vida debe ser:

1. Fácil
2. Rápida
3. Controlable

Después de todo, solo deslizando el pulgar, la cena aparece mágicamente a nuestra puerta veinte minutos más tarde... Estamos condicionados para esperar resultados instantáneos con mínimo esfuerzo, a nuestra entera disposición. A menudo transportamos esta mentalidad a la formación espiritual y suponemos que solo necesitamos encontrar la técnica adecuada o el truco exacto para resolver el problema del alma.

Pero en realidad, la formación a la imagen de Jesús es:

1. Dura
2. Lenta
3. *No* tenemos el control

No hay una aplicación revolucionaria, un parche rápido, un atajo. La formación del alma humana es más como cultivar una viña que como hacer un pedido de comida para llevar.

El peligro con presentar una teoría del cambio es que podemos ser engañados e incurrir en el pensamiento de que, *si tan solo dominamos la técnica espiritual correcta, podemos formarnos hasta llegar a ser la persona perfecta.* Créeme, la vida desenmascarará esa ilusión como la broma cruel que es.

El filósofo francés Jacques Ellul una vez comparó la obsesión de Occidente con las "técnicas" de magia de la Edad Media, concluyendo en que es una forma moderna de superstición, pues *todo* se trata de controlar lo que no es posible controlar.[64]

Allí es donde, para los que tenemos personalidades más orientadas a controlarlo todo, hay un peligro latente en tomar nuestra formación espiritual en serio. Las prácticas, o disciplinas, o formación espiritual, pueden ser pervertidas hasta convertirse en otro intento de controlar, en vez de un medio por el cual le entregamos la ilusión del control de nuevo a Dios y nos abrimos a la gracia.

Aunque esta verdad no es de nuestro agrado, en realidad son *buenas noticias*. De veras. No podemos salvarnos a nosotros mismos y *no tenemos* que hacerlo. Hemos sido salvados, *estamos siendo* salvados y seremos salvados por Jesús y solo por Él. Él es el Salvador, no nosotros. Es el Buen Pastor; nuestro rol solo es seguirlo y *continuar* siguiéndolo a través de los altos y bajos del Camino.

Puede llevar mucho tiempo, años, o incluso décadas, para llegar a ser quienes sabemos que deberíamos ser. Quizás no apreciemos los resultados hasta los sesenta o más. Al igual que la transformación de la oruga en una mariposa, puede llevar un largo tiempo de oscuridad y luchas hasta que emerge embellecida, y eso será probablemente hacia el final de nuestro viaje de este lado de la eternidad. Pero te aseguro que *habrá valido la pena*.

Como dijo Jesús, seremos como la madre que después de un trabajo de parto dolorosísimo, "se olvida de su angustia por la alegría de haber traído al mundo un nuevo ser".[65]

Es posible volverse semejante a Cristo en esta vida. Realmente lo es. Podemos ser sanados, podemos ser sanados de patrones rotos que se remontan generaciones atrás, podemos ser transformados en personas que están genuinamente impregnadas de amor, gozo y paz. Nuestras almas pueden vibrar con la dicha de la unión con Dios. Nuestros cuerpos pueden convertirse en templos; nuestros vecindarios, en tierra sagrada; nuestros días, en eternidad; nuestros momentos, en milagros.

Todo a su tiempo...

Por ahora, el llamado del Maestro es sencillo: sígueme.

Meta #3
Hacer lo que
él hizo

"Vayan y hagan discípulos de todas las naciones".[1] Entonces leamos las últimas palabras de Jesús a sus aprendices. Eso es *exactamente* lo que uno esperaría que un rabino les dijera a sus discípulos al final del entrenamiento. Recuerda: la meta de un rabí no era solo enseñar; era levantar discípulos como el que *llevaran* a cabo sus enseñanzas y estilo de vida. Hasta el día de hoy, en la ordenación de los rabinos, estos son comisionados a "levantar muchos discípulos", en una liturgia que se remonta al tiempo de Jesús.[2]

Cuando Jesús llamó a Simón y Andrés diciéndoles: "Síganme y los haré pescadores de hombres",[3] eso no era simplemente otro juego de palabras cursi del predicador, ni tampoco un llamado a arrebatar gente del infierno. En el siglo I, "pescadores de hombres" era un grado honorífico para los grandes rabinos,[4] porque los mejores maestros tenían el poder de capturar las mentes y la imaginación de sus oyentes.

Jesús está diciéndoles: "Aprendan de mí y *yo les enseñaré lo que deben hacer*".

En Hechos 1:1, el historiador Lucas escribe: "en mi primer libro [el evangelio de Lucas] me referí a todo lo que Jesús comenzó a hacer y enseñar". Presta atención al verbo: *comenzó*. Esto implica que su segundo libro versa sobre lo que los discípulos de Jesús continuaron haciendo y enseñando. Y es exactamente de lo que se trata Hechos: de una continuación de la obra de Jesús. *Todas* las cosas que lees en Lucas sobre lo que hizo Jesús —sanar enfermos, echar fuera demonios, predicar el evangelio— las lees en Hechos cada vez que se habla de lo que sus aprendices también hicieron.

De nuevo, esto es exactamente lo que esperarías que le suceda a un *talmid* al terminar un programa de aprendiz: hacer lo que su rabí hacía.

Los teóricos del aprendizaje enmarcan el entrenamiento del aprendiz en un proceso de cuatro etapas.

1. Yo hago; tú miras.
2. Yo hago; tú ayudas.
3. Tú haces; yo ayudo.
4. Tú haces; yo miro.[5]

Uno puede observar este proceso exacto en el entrenamiento de Jesús de sus aprendices. Al principio ellos solo lo seguían por ahí y miraban; con el tiempo empezaron a ayudarle; luego comenzaron a hacer las obras de Jesús, un poquito cada vez, recibiendo bastantes devoluciones al dar sus primeros pasos vacilantes;

y para el final, ellos fueron enviados con toda la bendición de Jesús, para continuar lo que Él había comenzado.

Todo esto nos lleva a la Meta #3, hacer lo que Jesús hizo. La meta final de un aprendiz es llevar a cabo la obra de su maestro. Al fin y al cabo, *para eso* sirve el aprendizaje.

En nuestra iglesia tenemos un aprendiz de fontanero, que está justo en medio de un programa de entrenamiento de cuatro años. Luego de graduarse, su objetivo no es solo haber leído un montón de libros sobre fontanería o arreglar el grifo que gotea en su baño; *es convertirse en fontanero.*

También tenemos una cantidad de estudiantes de medicina. Ese es un programa de entrenamiento más largo todavía: más de doce años. Conversando con los estudiantes, te puedo asegurar que su objetivo no es solamente mirar la serie *Gray's Anatomy* y conocer toda la jerga médica. Es convertirse en doctores y *practicar* la medicina.

Ahora, y seguramente coincidirás conmigo, esta es una idea muy simple, pero que se pierde en muchísimos cristianos. *Si eres un aprendiz de Jesús, tu objetivo final es crecer y madurar hasta convertirte en el tipo de persona que puede decir y hacer todas las cosas que Jesús dijo e hizo.*

Los niños lo comprenden de manera intuitiva; leen la historia del buen samaritano y su primer impulso será pedirte que detengas el auto, cuando ven a alguien con un neumático pinchado. Después de todo, Jesús terminó esa historia diciendo: "Ve y haz tú lo mismo".[6] O leen las historias de Jesús sanando a los enfermos y, la próxima vez que su compañero de colegio tiene un resfriado, lo abrazan y oran por él para que se sienta mejor.

Pero algo nos sucede con el tiempo que nos vemos socialmente condicionados para atenuar ese impulso.

Pero ¿qué si ese impulso es el Espíritu? ¿Qué si ese impulso interno del corazón es el Espíritu obrando en nosotros para ir y hacer las cosas que Jesús hizo o, para ser más preciso, la clase de cosas que Jesús haría si fuera *nosotros*? Willard definió discípulo como "alguien cuyo objetivo final es vivir su vida del modo que Jesús viviría si fuera yo".

¿Recuerdas el "Qué haría Jesús"? Es una buena pregunta; pero una mejor pregunta sería "¿Qué haría Jesús si estuviera en mi lugar?".

¿En qué sentido es mejor? Porque es probable que no seas un rabino judío célibe del siglo I; tal vez seas una madre del siglo XXI, o un estudiante universitario o el director de una compañía emergente, o un diseñador gráfico *freelance* o —mi sueño secreto— un luchador.

Es un poco difícil preguntar "Qué haría Jesús" si tu ocupación actual es criar un niño de dos años o enseñar en el jardín de infantes o diseñar software o la instalación de aire acondicionado para un nuevo edificio; mucho menos hacer algo de esto mientras crías a tu pequeño de dos años. En cambio, preguntar esto: ¿cómo viviría Jesús si tuviera mi género, edad, lugar, perfil de personalidad, etapa de la vida, empleo, recursos, dirección, etc.? ¿Cómo se mostraría al mundo? ¿Cómo manejaría tal o cual situación?

Para los aprendices de Jesús, *esa* es la pregunta que toda la vida se vuelve un intento por responder.

Como lo dijo Juan, el aprendiz de Jesús, en el Nuevo Testamento: "El que afirma que permanece en él *debe vivir como él vivió*".[7]

Lo sé, este es el momento en el que te pierdo.

Cada vez que hablo acerca de Jesús como ejemplo de cómo vivir, la gente piensa: "Claro, pero Él era *Dios*. Yo simplemente soy... bueno, soy yo. No es que puedo salir y sanar a los enfermos y hacer milagros por ahí".

¿No es cierto?

Jesús, el prototipo

Los escritores del Nuevo Testamento llaman a Jesús "la primicia", lo cual es una analogía agraria del mundo del primer siglo. Los primeros frutos eran los primeros brotes de la cosecha de otoño, una señal de lo que iba a brotar en masa. Jesús es esa señal de lo que está por manifestarse para todos sus seguidores; algunos eruditos traducen el término en griego como "prototipo",[8] el primero de una nueva clase de ser humano. Traducción: quién *fue* Jesús en su tiempo en la tierra es una versión avanzada de quiénes nosotros tenemos el potencial de *convertirnos*, en él. Jesús es el molde en donde podemos volcar nuestra vida.

Lamentablemente, la mayoría de los cristianos occidentales leemos las historias sobre Jesús, en especial las de los milagros que hizo, no como un patrón de cómo vivir, sino como una "prueba de que Jesús era Dios". Esto se remonta cientos de años a la Ilustración, cuando las élites occidentales comenzaron a decir: "Creemos que Jesús fue un gran maestro, claro, pero nada más que eso". (Esto les permitió decidir entonces cuáles de sus enseñanzas seguir y cuáles ignorar y, como resultado, gobernar el mundo como mejor les pareciera.[9] Es un patrón que continúa vigente hasta este tiempo).

El contraargumento de un cristiano serio era: "¡Pero mira todos los milagros que hizo! Un simple hombre no puede sanar enfermos y echar fuera demonios, ¡mucho menos convertir el agua en vino, o caminar sobre el agua!"[10]. Este es un argumento *bien intencionado*, pero hay una falla fatal en su lógica, como así también una consecuencia desastrosa, aunque involuntaria.

Primero, el error fatal es: sí, Jesús hacía milagros, *pero también los hicieron sus discípulos y los profetas del Antiguo Testamento antes que ellos*. Lee el libro de los Hechos: los apóstoles sanaban enfermos, expulsaban demonios ¡e incluso resucitaban muertos! Aun así, nadie afirma que eso sea una "prueba de que eran Dios".

¿Ves el problema?

Y la consecuencia involuntaria, pero trágica, es que si asumimos que Jesús hizo todo lo que hizo "porque era Dios", es probable que lógicamente también supongamos que nosotros *no podemos* hacerlo porque *no somos* Dios. Es $1 + 1 = 2$.

Esto genera una pregunta teológica provocativa: ¿de dónde obtuvo Jesús su poder? La gente común y corriente no anda por ahí resucitando muertos. La respuesta sencilla es: del Espíritu Santo. El evangelio de Lucas es bien claro sobre esto. Él escribe: "Jesús regresó a Galilea en el poder del *Espíritu*", en donde, en el Sabbat, leyó del rollo de Isaías:

El *Espíritu* del Señor está sobre mí,
por cuanto me ha ungido
para anunciar buenas nuevas a los pobres.

Me ha enviado a proclamar libertad a los cautivos

y dar vista a los ciegos,

a poner en libertad a los oprimidos,

a pregonar el año del favor del Señor.[11]

La interpretación es la siguiente: Jesús hizo lo que hizo recurriendo a su conexión con las capacidades de Dios.

Mi punto es que Jesús hizo milagros no por exhibir sus músculos divinos como Thor, sino porque vivía en dependencia del poder del Espíritu.

En la encarnación de Jesús, vemos que Él es el Dios real y verdadero. No el "Dios" que es un producto de nuestra imaginación o de nuestro temor, sino el Dios que es Realidad. No es solo que "Jesús es Dios" sino más bien que "Dios es Jesús". O: "Dios es como Cristo y en Él no hay nada que no sea Cristo", como dijo el arzobispo anglicano Michael Ramsey una vez.[12] Pero —escucha bien— en la encarnación de Jesús nosotros también vemos de qué forma es un *ser humano real y verdadero*. Vemos lo que Dios tenía en mente desde el comienzo, lo que los seres humanos tienen el potencial de ser si se unen nuevamente con Dios.

Así que, cuando leas las historias de los milagros de Jesús, no pienses: "Oh, bueno, Jesús era Dios". Sí, lo era, pero también piensa: "Guau, esto es lo que un verdadero ser humano que camina en el poder del Espíritu es capaz de hacer". Justo antes de morir Jesús dijo:

El que cree en mí también hará las obras que yo hago…

¿Cuáles son las obras que Él hace? Sanar a los enfermos, liberar a los endemoniados, hacer milagros, etc.

… y aun las hará mayores, porque yo vuelvo al Padre.[13]

¿Mayores? ¿Mayores que milagros? Los expertos en Nuevo Testamento debaten qué quiso decir exactamente Jesús con "mayores obras que estas".[14] Pero en esto coinciden: en que, sea lo que sea que signifique "mayores", *¡no quiere decir menores!*

Ahora bien, no estoy diciendo que salgas corriendo a la morgue local a resucitar muertos. Solo digo que el mismo poder que estaba en Jesús —y luego en Pedro, Pablo y los apóstoles primitivos— *está ahora en ti y en mí*, o al menos, está *disponible* para nosotros que, al igual que Jesús, nos rendimos al Padre y nos abrimos a los impulsos del Espíritu.

Esta es la única manera posible de que podamos "hacer lo que Jesús haría si fuera yo". Si *Jesús* hizo su obra en el poder del Espíritu, *¿cuánto más* nosotros necesitamos al Espíritu para llevar a cabo las mismas obras que él?

Afortunadamente, hay buenas noticias: Jesús no nos dejó solamente con nuestras capacidades naturales, talentos y energía (o la falta de ellas); nos dio su Espíritu para empoderarnos con *sus* capacidades, para hacer *su* obra por medio de *su* poder, no nuestra obra con nuestros recursos limitados. Jesús está buscando discípulos a quienes confiarles su poder. ¿Quieres ser uno de ellos?

¿Quieres ser la clase de persona que puede administrar el poder con gracia?

¿Para "ir" y hacer lo que Él hizo/haría si estuviera en tu lugar?

Si llegaste tan lejos en la lectura de este libro probablemente estés pensando "*sí*". Bien. Por supuesto, esto nos lleva a otra pregunta muy interesante. ¿Qué hizo Jesús exactamente?

Ritmo #1: Crear espacio para el evangelio (Ej. hospitalidad)

El escritor espiritual Henri Nouwen una vez dijo que la vida de Jesús se movía en un continuo desde la solitud hasta la comunidad y hacia el ministerio.[15]

¿Cuál era el "ministerio" de Jesús? ¿Qué *hizo* para dar inicio al reino de Dios?

No hay una lista oficial de lo que Jesús hizo (como tampoco hay una lista oficial de las prácticas), pero me resulta práctico clasificar el ministerio de Jesús en tres ritmos básicos:

1. Crear espacio para el evangelio (ej. Hospitalidad)
2. Predicar el evangelio
3. Demostrar el evangelio

Primero: crear espacio para el evangelio...

No es ningún secreto que, en nuestra cultura postcristiana, ya no es más amistosa o siquiera neutral hacia el evangelio, sino todo lo contrario: es *hostil*. El "cristianismo" es percibido por muchos como parte del problema y no de la solución.[16] La mayoría de las personas seculares tienen cero interés por escuchar el evangelio, y prefieren buscar la salvación en otras fuentes.

Pero ya hemos visto esto. Muchas personas en los días de Jesús eran así de hostiles al evangelio, tanto que finalmente mataron al Mesías. ¿Cómo hacemos espacio para Dios en una atmósfera tan cargada de emociones? Del mismo modo que Él lo hizo: comiendo y bebiendo.

En Lucas 19 hay una hermosa historia acerca de Jesús invitándose a la casa de Zaqueo a cenar. Zaqueo era un recaudador de impuestos que había ganado una fortuna defraudando a sus compatriotas judíos en favor del Imperio romano. Imagina un informante nazi en Polonia durante el Holocausto. Puedes imaginar ahora cómo lo habrían *aborrecido*. Y acá está Jesús, sentado a su mesa. Menos huésped, más *anfitrión*. Como resultado, Zaqueo se convirtió en un aprendiz de Jesús.

Aun así, todo el mundo comenzó a murmurar: "Ha ido a hospedarse con un pecador".[17]

Nosotros consideramos que es una historia conmovedora; ellos la encontraban ofensiva. ¿Por qué? Porque las comidas son lo que la antropóloga Mary Douglas llama "límites demarcadores".[18] La comida reúne a las personas, pero también las separa. Piensa en los restaurantes antes de los derechos humanos con un cartel de "solo blancos en la puerta; o en el Reino Unido, "NO negros, irlandeses ni perros". Incluso hoy, piensa en la forma en que los restaurantes a menudo están estratificados por clase. Hasta en los lugares que solemos amar,[19] la mayoría de nosotros comemos con nuestra familia o amigos, que son *como nosotros*.

Esto es cierto respecto de todas las culturas, pero es especialmente cierto de la cultura judía del primer siglo. Le llamaban "la mesa de la comunión", y comer con alguien era una señal de bienvenida, no solo a tu hogar sino a toda la congregación e incluso con Dios mismo.

Por lo tanto, ningún rabino respetable podría ser atrapado comiendo en la mesa de alguien como Zaqueo, porque sería el final de su carrera.

Un teólogo escribió: "Jesús hizo que lo mataran por la forma en que comía".[20] Comía con todas las personas incorrectas: traidores como Zaqueo, prostitutas, gentiles, impuros. Peligro, ¡peligro! Fue acusado de "glotón y un borracho, amigo de recaudadores de impuestos y de pecadores".[21] Eso *no era* ningún halago. Como ves, para el rabino Jesús las comidas no eran un "límite demarcador" sino un cartel de bienvenida al reino de Dios; no una manera de dejar a la gente *afuera*, sino de invitarlos a *entrar*.

¡Solamente en el *evangelio de Lucas* hay más de cincuenta referencias a comidas! El erudito especializado en el libro de Lucas, Robert Karris, escribe: "En el evangelio de Lucas, Jesús va a una comida, está en una comida, o vuelve de una comida".[22] ¡Me gusta este Jesús! Creo que voy a ser su aprendiz en todas estas cosas.

El pastor Tim Chester del Reino Unido tiene un hermoso librito que llamó *A Meal With Jesus* [Una comida con Jesús], donde señala que en Lucas se repite una fórmula verbal: "El Hijo del Hombre vino…"[23].

Primero, Lucas dice: "El Hijo del Hombre vino a buscar y a salvar lo que se había perdido".[24] Esto es *lo que* Jesús hizo, su *misión*.

Segundo, escribió: "...el Hijo del hombre, que come y bebe..."[25]

Esto es *cómo* lo hizo, su *método*.[26]

Jesús vivía en una cultura en donde mucha gente era hostil hacia Él. ¿Cómo los invitaba a su reino?

De a una comida a la vez...

Esta práctica de comer y beber con las personas que estaban lejos de Dios es lo que los escritores del Nuevo Testamento denominan "hospitalidad". La palabra empleada es *philoxenian* en griego, que es una palabra compuesta: *philo* significa amor y *xenos*, forastero o invitado.[27] Lo que quiere decir que la hospitalidad es lo *contrario* a xenofobia. Es amor al extranjero, no odio o temor al "otro". Es el acto de recibir al de afuera, y por medio de ello, convertir a los invitados en prójimo y al prójimo en familia de Dios.

No podemos obligar a las personas a volverse discípulos de Jesús (ni tampoco queremos hacerlo), pero podemos brindarles un espacio donde ese cambio pueda ocurrir, incluso si es lento y si tarda mucho tiempo. Podemos activamente ir en busca del que está solo, del recién llegado, del que está fuera de onda, del pobre, de los que no tienen familia, o no tienen hogar, de los inmigrantes y refugiados, etc., para darles la bienvenida a una congregación de amor. Como dijo bellamente Henri Nouwen:

> En un mundo lleno de extraños, distanciados de su propio pasado, cultura y nación, de sus vecinos, familia y amigos, de su ser interior y de Dios, somos testigos de una triste búsqueda por un lugar hospitalario donde poder vivir sin miedo y donde se pueda

hallar una comunidad (...) es posible para los hombres y mujeres, y obligatorio para los cristianos, ofrecer un espacio abierto y acogedor donde los extraños puedan desprenderse de su rareza y convertirse en nuestros semejantes como seres humanos.[28]

La hospitalidad es tanto un rito que integramos a nuestro calendario de Regla de Vida y un modo de ser en el mundo, una disposición del corazón hacia los demás. Nouwen la llamó "una actitud fundamental hacia nuestro prójimo, que puede expresarse en una gran variedad de formas".[29] Cuando practicamos la hospitalidad llegamos a personificar el corazón de la vida interior trinitaria: bienvenida, invitación, afecto, calidez, generosidad, provisión, seguridad, comunidad, consuelo, suplencia de las necesidades, deleite y puro gozo. Y "cuando actuamos como Dios, llegamos a sentirnos como Él",[30] compartiendo su gozo. La escritora Rosaria Butterfield llamaba a este acto "hospitalidad radicalmente ordinaria":

La hospitalidad radicalmente ordinaria: los que la viven ven a los extraños como prójimos, y a los prójimos como familia de Dios. Rechazan el reducir a una persona a una categoría o un rótulo. Ven la imagen de Dios reflejada en los ojos de cada ser humano en la tierra (...)

Los que viven la hospitalidad radicalmente ordinaria ven sus casas no como suyas sino como regalo de Dios para la extensión de su reino. Abren las puertas; salen en busca de los menos privilegiados. Saben que el evangelio viene con la llave de una casa.[31]

Este es el Camino de Jesús y creo que sigue siendo el mejor.

No hay un lugar más excelente donde llegar a conocer a alguien que comiendo juntos. No hay mejor lugar para dialogar e incluso para disentir con amor. Por eso, no hay mejor lugar donde predicar el evangelio (el próximo ritmo) que alrededor de una mesa, con pan y vino. Yo no soy un evangelista muy hábil, y el próximo ritmo es una debilidad en mi discipulado, no una fortaleza. Pero puedo decirte que después de vivir en una de las ciudades más seculares del mundo, las mejores conversaciones que *alguna vez* tuve con personas que están lejos de Dios han sido en mi mesa. Todas.

La *belleza* del método de Jesús es:

1. Es algo que *ya estás* haciendo. Ya estás comiendo. Todo lo que tienes que hacer es darles un nuevo propósito a algunas de tus comidas para brindar la gran bienvenida de Dios.

2. *Cualquiera* puede hacerlo. No precisas un título de seminario o ser experto en apologética; no necesitas una cena formal o un jardín con guirnaldas de luces, solo una mesa. *Y ni siquiera tiene que ser tuya.*

Ritmo #2: Predicar el evangelio

Hace unos días atrás, mi hijo adolescente llegó a casa un poco consternado. "¿Qué te pasó?", le pregunté. Suspiró profundamente. Había estado caminando por el centro de la ciudad con un amigo y se cruzaron con un grupo de cristianos que estaban predicando "el evangelio" en una esquina. Era de manual: tenían carteles con una mezcla bizarra de "Jesús te ama" y extrañas advertencias sobre el fuego del infierno. Naturalmente, tenían un megáfono y entregaban folletos. El amigo de mi hijo no era un seguidor de Jesús y sintió que el grupo que "evangelizaba" no hacía más que *alejar* a su amigo de Dios, en vez de acercarlo a Él.

Al igual que Jude, muchos de nosotros nos estremecemos cuando escuchamos historias como esta. Esos viejos métodos, a lo sumo son percibidos como si tuvieran poco tacto o estuvieran fuera del alcance, por no decir que son manipuladores y crueles. Rara vez consiguen que las personas descubran la vida como aprendices de Jesús.

Entonces, cuando escucho que el ritmo #2 es "predicar el evangelio", tengo una leve reacción alérgica. *No* porque no ame el evangelio y no me preocupe por los que Jesús llamó "perdidos", sino por todos los ejemplos desquiciados que me vienen a la mente. No tengo deseos de que me asocien con *esa* clase de evangelismo.

Con todo, aun cuando escucho a alguien contar las buenas nuevas de Jesús en una manera inteligente, amorosa y culturalmente armoniosa, *todavía* me siento un poquito ansioso. Y no soy el único… En nuestra generación, el problema principal con la "evangelización" no es que la estemos haciendo con megáfonos y un pequeño grado de fanatismo, sino que *no lo estamos haciendo en absoluto*.

En una encuesta reciente del Grupo Barna, el 96% de los cristianos *millenials* dijeron: "Parte de mi fe significa ser un testigo de Jesús" y el 94% afirmó: "Lo mejor que puede llegar a ocurrirle a alguien es conocer a Jesús". Pero un 47% —casi la mitad— *también* dijo: "Está mal compartir las creencias personales con alguien de una fe distinta con la esperanza de un día compartir la misma fe".[32]

¡Eso es de una inconsistencia rampante! Pero no es de sorprender, dados los tiempos que vivimos. Estamos inmersos en una cultura pluralista y postmoderna donde cualquier forma de cristianismo "proselitista" es ofensiva a nuestras sensibilidades modernas. Estamos socialmente condicionados desde una corta edad a cerrar nuestra boca respecto de Jesús; la fe es un asunto privado, no público, en donde el sentimiento es: "¿Quién eres *tú* para decirme a *mí* lo que es verdad?". Porque cualquier forma de declaración de verdad, no importa qué tan bien o con cuánta gracia sea presentada, implica un juicio sobre *otras* declaraciones de verdad. ¿Y qué es la cultura secular sino un bazar ensordecedor de verdades en competencia?

Pero, irónicamente, lo del proselitismo anticristiano está basado en una lógica contraproducente, porque todos están haciendo *proselitismo*. Todos están predicando un "evangelio". La pregunta no es "¿estás predicando el evangelio?". Más bien es "*¿qué* evangelio estás predicando?".

¿Acaso el evangelio de la tercera ola antirracista? ¿O el del orgullo LGBT+? ¿O el del socialismo democrático? ¿O el del nacionalismo norteamericano? ¿O el del capitalismo del libre mercado? ¿O el de la terapia de agua fría o el ayuno intermitente o la dieta keto o el mindfulness o la nueva psicodelia?

Todos esos son "evangelios", son mensajes sobre dónde radica nuestra esperanza, adónde va la historia de la humanidad, cuáles son los peligros, dónde se puede encontrar salvación, dónde hallar comunidad y cómo vivir una buena vida y ser una buena persona.

Todos están predicando *un* evangelio.

Los aprendices de Jesús son aquellos que predican el evangelio *de Jesús*.

Ahora bien, cuando decimos "predicar el evangelio" *nos referimos a contarle a la gente sobre Jesús*: anunciar las buenas nuevas de Jesús y la vida que está disponible para ellos en el reino de Dios. Otra vez, esto es lo que todo el mundo hace; ellos hablan sobre lo que más aman, moda, música, deportes, una nueva serie de TV.

Nosotros amamos a Jesús, entonces hablamos de Él.

Como dije antes, el evangelio no es: "si crees en Jesús, cuando te mueras podrás ir al Buen Lugar". Marcos resumió su evangelio diciendo "el reino de los cielos se ha acercado".[33] El resumen de una oración de Pablo parece ser "Jesús es el Señor",[34] otra forma de decir lo mismo.

El evangelio establece que Jesús es el poder definitivo en el universo y todos pueden vivir con él. A través de su vida, enseñanzas, milagros, muerte, resurrección, ascensión y la venida del Espíritu Santo, Jesús ha salvado, está salvando y salvará a toda la creación. Siendo aprendices de Jesús podemos entrar en su reino y tenemos acceso a la vida interior de Dios mismo. Podemos recibir, dar y participar del "Amor amoroso". Podemos ser parte de una congregación que Jesús está transformando —lentamente— en una nueva sociedad de paz y justicia que un día cogobernará toda la creación junto con el Creador, en una eternidad de infinita creatividad, crecimiento y gozo. Y *todos* pueden ser parte de esta historia.

Esas son las buenas noticias.

Como reacción ante la "predicación" tan poco sofisticada, manipuladora y a veces cruel que deja a la gente sintiéndose degradada o menospreciada, muchos de nosotros hemos perdido el sentido de ser testigos por completo. Pero este es el *centro* de nuestra fe, y es esencial para nuestro discipulado que alcancemos a otros con esta buena noticia de Jesús.

El asunto es *¿cómo* anunciamos esas buenas noticias en una cultura que cada vez es más hostil a ellas?

¿Es predicando en las calles? ¿O entregando volantes que lucen como billetes de un dólar? ¿O con una historia de Instagram? ¿O con un debate sobre apologética online? ¿O regalando libros de C.S. Lewis a tus compañeros de trabajo mientras ruegas para que no te despidan?

Posiblemente. ¿Pero qué tal si fuera más como cocinar una comida para tus vecinos? ¿O darle cuidadosamente una palabra profética a un amigo? ¿O invitar a un compañero de trabajo al Curso Alpha?[35] ¿O con un acto de servicio en silencio en tu ciudad?

Alrededor de cada uno de nosotros hay gente que sufre. La epidemia de la soledad se está disparando; el porcentaje de norteamericanos que dicen que no tienen amigos íntimos se ha cuadruplicado desde 1990;[36] el 54% reporta que a veces o siempre sienten que nadie los conoce bien.[37] La era digital nos tiene más "conectados" que nunca, pero los sociólogos nos dicen que la Generación Z es la generación más solitaria de todos los tiempos. Anhelamos ser *vistos*, conocidos y amados.

¿Podría ser que el modo de avanzar fuera tan simple como encontrar a las personas en el lugar del dolor? ¿No es acaso lo que Jesús hizo? ¿Podría la evangelización en nuestra era lucir menos como lo que Jude vio en el centro de la ciudad y más como las historias de los evangelios?

Con ese objetivo, permíteme nombrarte cinco de las mejores prácticas para predicar el evangelio en nuestra cultura secular:

#1. PRACTICA LA HOSPITALIDAD

Aprende a cocinar, a poner la mesa, a construir comunidad. Lee el capítulo anterior.

#2. IDENTIFICA DÓNDE DIOS YA ESTÁ OBRANDO Y ÚNETE A ÉL

A menudo suponemos que, porque alguien no es un discípulo de Jesús, Dios no está obrando en su vida. Pero ¿qué si comenzáramos con la suposición contraria? ¿La de que Dios está siempre presente y lleno de amor hacia los pecadores, y que probablemente ya está trabajando en sus vidas, invitándolos suavemente a volverse a Él?

En este paradigma, nuestro trabajo es buscar señales de Dios y, cuando las vemos, unirnos a ellas.

#3. Ser testigos

Testigo, al igual que *discípulo*, es un sustantivo en el Nuevo Testamento, no un verbo. Es algo que *eres* más que algo que *haces*. Jesús usó esta palabra en el famoso pasaje de Hechos 1:

> ... serán mis testigos tanto en Jerusalén como en toda Judea y Samaria, y hasta los confines de la tierra.[38]

Un "testigo" es literalmente alguien que ve o experimenta algo importante para que otros lo sepan. Empleado como verbo, en "testificar" o "dar testimonio", también significa contarles a otros lo que viste o experimentaste. Eso es todo.

Somos "testigos", no vendedores. Nuestro trabajo no es "cerrar un trato" usando la técnica correcta, sino simplemente testificar con nuestra vida a Jesús. Mortimer Arias, un académico uruguayo que servía en la Iglesia metodista bajo la persecución comunista, lo expresó de este modo:

El reino de Dios es el nuevo orden divino (...) porque el nuevo orden de Dios es una amenaza a todo orden establecido; la llegada del reino, que se abre paso forzosamente entre el antiguo orden, produce una reacción intensa. Atrae y repele a la vez...[39]

Algunos serán atraídos al evangelio; otros, repelidos. Esto está bien, porque no somos responsables por el resultado más que lo que un testigo es responsable por el fallo en un juicio. Las personas tienen poder de decisión, libre albedrío; la salvación es una clase de combinación misteriosa entre la iniciativa divina y la respuesta humana. Nuestro trabajo no es "salvar" gente, sino decirles con el apóstol Juan: "la vida fue manifestada, y la hemos visto; y les testificamos y anunciamos".[40]

#4. "HACER TODO"

John Wimber, el fundador de Vineyard Church, llegó a la fe en Jesús en sus veintitantos años, proveniente de un trasfondo agresivo de la escena musical de Los Ángeles. Él leyó los evangelios y el libro de Hechos y quedó anonadado con las historias de sanidades y profecía. Luego vino a la iglesia, donde no vio *nada* de eso.

"¿Cuándo hacemos *todo*?", preguntó.[41]

"Hacer todo" desde entonces ha entrado en la jerga carismática para referirse a operar en las manifestaciones del Espíritu que leemos en 1 Corintios 12: profecía, palabras de sabiduría y conocimiento, sanidades, milagros y otras cosas.

Cuando combinamos contarles a otros acerca de Jesús con una palabra profética, experiencia de sanidad o revelación de algo que una persona no podría saber sino por el Espíritu (lo que Pablo parece transmitir como "palabra de conocimiento"), el resultado puede ser fantástico. Claro, hay *muchas* maneras de hacerlo de forma pésima, pero, con el correcto entrenamiento, podemos aprender a hacer estas cosas en una manera prudente, serena y amorosa.

Hablaré más sobre esto en el siguiente capítulo...

#5. Vivir una vida hermosa

Me encanta la frase del apóstol Pedro:

> Mantengan entre los incrédulos una conducta tan ejemplar que, aunque los acusen de hacer el mal, ellos observen las buenas obras de ustedes y glorifiquen a Dios en el día de la visitación.[42]

El término griego traducido por "buenas" aquí es *kalos*; puede traducirse como "hermoso" o "bonito", o incluso "proporcionado".[43] La idea es llevar una vida radiante y cautivadora, no escondida en una utopía cristiana, sino *"entre"* —*justo en medio*— de los paganos (no era un término despectivo en el mundo antiguo).

El Dr. Michael Green de Oxford, en su libro *La evangelización en la Iglesia primitiva*, alega que el 80% o más de la evangelización en la iglesia primitiva era llevada a cabo por cristianos comunes —no pastores o celebridades cristianas— y consistía mayormente en explicarles a sus amigos y familiares su vida inusual. Vivían de modo tal que las personas eran atraídas a la belleza en sus vidas.

Mi familia y yo todavía tenemos muchas maneras de hacerlo, pero continúo notando este fenómeno: cada vez que nuestros amigos seculares se enteran de —o especialmente si lo ven— que practicamos el Sabbat, o la manera en que vivimos en comunidad o comemos juntos cada semana, o cómo seguimos estando casados a pesar de haber atravesado algunos valles, o algo de los actos de justicia social que practicamos en la ciudad... sus ojos se iluminan con anhelo. Lo que para nosotros es "normal" —descansar, comprometernos a relaciones emocionalmente saludables, una congregación sólida, compartir comidas, tener conversaciones sinceras y vulnerables, compartir nuestros recursos, vivir por debajo de nuestros ingresos, servir a los pobres— es cada vez más impactante para el mundo que nos observa.

No subestimes el poder de la simple práctica del Camino de Jesús en la comunidad. No he citado a Dallas Willard en las últimas páginas, así que déjame hacerlo una vez más:

> Hay una obra especial de evangelización que debe ser hecha, por supuesto, y hay llamados especiales para ello. Pero si los que están en la iglesia realmente están disfrutando la vida, el evangelismo será imparable y en gran medida automático. La iglesia local, por su parte, puede luego volverse una academia en donde la gente de la comunidad circundante se agolpa para aprender cómo *vivir*. Será una escuela de vida (porque un discípulo no es otra cosa que un alumno, un estudiante) donde todos los aspectos de esa vida se verán a la luz de los registros del Nuevo Testamento y serán practicados y dominados bajo la supervisión de aquellos que los han dominado ellos mismos a través de la práctica. Solo tomando esto como nuestra meta inmediata podemos pretender llevar a cabo la Gran Comisión.[44]

Por supuesto, todo lo antedicho exigirá alguna clase de muerte en nosotros. En griego, la palabra "testigo" es *martus*, del cual obtenemos nuestro término mártir.[45] En los primeros siglos del movimiento de Jesús, un testigo y un mártir eran prácticamente sinónimos. Para nosotros, en el occidente democrático, la muerte literal no representa un peligro, pero testificar el evangelio de Jesús implica una clase de muerte: una muerte a nuestra reputación como personas inteligentes o sofisticadas o a la moda, una muerte a la estimación de las otras personas acerca de nosotros, una posible muerte a nuestras ambiciones profesionales, y otras más. Es elegir la vergüenza. Pero este es un pequeño precio que pagar comparado con "conocer a Cristo Jesús, mi Señor".[46]

Como verás, es sencillo para la mayoría de nosotros (y me estoy escribiendo a mí mismo ahora) tratar de "dibujar" esta parte de nuestro aprendizaje de Jesús. Me apunto para la formación, la salud emocional, la oración contemplativa; anoten mi nombre. ¿Pero predicar el evangelio? Creo que nomás le cortaré el césped a mi vecino y espero que con eso se imagine que Jesús resucitó de los muertos.

Si refrenamos este impulso del Espíritu que está dentro de nuestro espíritu —de ir, predicar el evangelio, testificar— entonces apagaremos al Espíritu[47] en formas que sabotearán nuestra formación espiritual y anularán nuestra vitalidad espiritual. Porque hay una clase de ley espiritual que rige el universo: para poseer a Dios, debemos entregarlo. Como dijo el misionero Frank Laubach: "Debo hablar acerca de Dios o no podré mantenerlo en mi mente. Debo compartirlo para poder tenerlo".[48] De otro modo, nuestra fe se volverá una terapia privada, individualizada y nuestra espiritualidad se marchitará en la vid.

Esa es la ley secreta del reino.

¿A quién conoces que esté lejos de Dios? ¿Qué rostro viene a tu mente ahora mientras lees? ¿A quién ha puesto Dios en tu vida para amar y servir? ¿Te ha puesto en relaciones con gente que está perdida?

Si quieres más de Dios debes dárselo a otros.

Ritmo #3: Demostrar el evangelio

Jesús no solo *predicó* el evangelio del reino, sino que lo *personificó* en palabras *y* hechos. Adonde Jesús iba, iba el reino.

Su hospitalidad es un gran ejemplo. Los profetas hebreos compararon la venida del reino con un banquete donde todo el pueblo de Dios, judíos y gentiles, se reunían en la mesa de Abraham en una nueva comunidad de paz y justicia. Jesús personificó esta visión una comida a la vez. El comer con los "pecadores" no era una *imagen* de la salvación: *era* la salvación misma. Como dijo Jesús en la comida con Zaqueo: "Hoy ha llegado la salvación a esta casa".[49]

Hablamos de la lectura bienintencionada, pero fatalmente errónea, que hicieron las generaciones anteriores de cristianos sobre los relatos de los milagros después de la Ilustración. Una forma mejor de leer las dramáticas historias de Jesús es entendiéndolas *como señales del reino de Dios que irrumpe*. Jesús sanando a los enfermos, liberando a los endemoniados, alimentando a los hambrientos, oponiéndose a la injusticia: esto era todo lo que Isaías y los profetas dijeron que ocurriría cuando el reino finalmente llegara.

El teólogo alemán Jürgen Moltmann afirma que los milagros no son una invasión en el orden natural, sino la *curación* de él.

Estamos tan acostumbrados a la muerte, enfermedad, injusticia y caos, que nos olvidamos de que *ellos* son los intrusos en el buen mundo de Dios. Él expresa:

> Cuando Jesús expulsa demonios, está echando de la creación los poderes de destrucción, y está sanando y restaurando a los seres creados que están heridos y enfermos. El señorío de Dios, del que dan testimonio las curaciones, devuelve la salud a la creación. Las sanidades de Jesús no son milagros sobrenaturales en el mundo natural. Son la única cosa verdaderamente "natural" en un mundo innatural, demonizado y lastimado.[50]

"Seguir" a Jesús no es nada más *mirarlo* hacer cosas como sanar enfermos y liberar a los oprimidos; es entrenarnos con Él para hacer la clase de cosas que Él hizo. Jesús y sus discípulos originales hicieron montones de "señales" para demostrar el reino, pero hay cuatro que vemos con regularidad.

Advertencia: cada una de estas señales *bien* podría ocupar un libro entero. Solo estoy tratando de captar tu interés, nada más...

#1. SANIDADES

Jesús se volvió rápidamente conocido por todo Israel como sanador. La gente le traía a los enfermos desde varias millas alrededor; literalmente rompían techos o gritaban desde el costado de camino para recibir sanidad. Mateo escribió: "... le llevaban todos los que padecían de diversas enfermedades, los que sufrían de dolores graves, los endemoniados, los epilépticos y los paralíticos, y él los sanaba".[51]

Después vemos el *mismo patrón* en la iglesia primitiva. En un momento la gente era sanada simplemente al ser tocada por la sombra de Pedro,[52] otros se recuperaban después de tocar la ropa de Pablo.[53]

Y aunque no apreciamos el despliegue de ese *nivel* de poder en los discípulos ordinarios del Nuevo Testamento, sí vemos que la oración por sanidad es altamente eficaz. Santiago manda a la iglesia: "Oren unos por otros, para que sean sanados", porque "la oración del justo es poderosa y eficaz".[54]

¿Conoces a alguien que esté enfermo? ¿Qué sucedería si fueras y oraras por él?[55]

#2. LIBERACIÓN

Dondequiera que Jesús iba, exponía los poderes demoníacos que acechaban en la oscuridad. Era como si su presencia los arrastrara a la luz y su poder los echara fuera. Lo mismo ocurría con los discípulos en el libro de Hechos.

Esta es posiblemente la señal más "difícil" de creer en nuestra cultura moderna. Nuestra sociedad secular ni siquiera cree *en* Dios, mucho menos en seres diabólicos detrás de un fenómeno tan diverso como la enfermedad mental y los desastres naturales.

Simplemente no hay forma de que la cosmovisión de Jesús tenga sentido si no creemos que nuestro mundo está plagado de una variedad de seres humanos y no humanos, muchos de los cuales buscan hacer estragos en las buenas intenciones de Dios para la humanidad. El apóstol Juan dijo: "El Hijo de Dios fue enviado precisamente para destruir las obras del diablo".[56]

Y aunque vemos más de esto en Oriente y en los países en desarrollo, aquí en el Occidente "secular" sucede también. De hecho, con la globalización, el Oriente se está volviendo cada vez más secular. Hablar de demonios todavía te puede provocar risas, pero hablar de "energía espiritual oscura" en torno a una casa o incluso a una persona, ahora se considera legítimo de algún modo.

Y estas cosas son reales, te lo digo. Claro, algunas deben ser ficticias o peor, paranoia. Pero gran parte de esto es auténtico. Mi propia esposa fue liberada dramáticamente, bajo el cuidado de una discípula madura de Jesús, de una maldición que venía de cuatro generaciones. Es una larga e increíble historia extraída directamente del Nuevo Testamento.[57] Esta experiencia abrió nuestros ojos a lo que había estado oculto a plena vista. A nuestro alrededor hay personas que sufren por demonización. ¿Qué si pudiéramos liberarlas?

#3. Profecía

Jesús evidentemente tenía acceso a información que no podría haberse deducido por medios normales humanos, no solamente acerca del futuro, sino también sobre secretos ocultos de las personas ("[El hombre] que ahora tienes no es tu marido")[58] y los temores más profundos ("Ni este pecó, ni sus padres").[59] Por supuesto que muchas personas lo explican por medio del argumento racional de que "Jesús era Dios". Lee lo que vimos antes. El problema es, otra vez, que vemos a los discípulos de Jesús haciéndolo una y otra vez en todo el Nuevo Testamento, y *no solo* los apóstoles.

El apóstol Pablo le llamó a eso "profecía", y parece que se supone (y estoy pensando en *1 Corintios* 12-14 aquí) que el mismo Espíritu que estaba en Moisés y en Jesús y en todos los profetas está ahora en nosotros, y por eso, en una manera similar, aunque menos potente, podemos pronunciar palabras a otros de parte de Dios. Esto casi nunca significa que escucharemos una voz audible en el cielo; por lo general es nada más que un pensamiento o un sentimiento que viene a tu mente, una palabra, frase, texto bíblico o una imagen... Tenemos que ofrecer esa palabra o impresión humildemente a los demás, en amor.

Nuevamente, aprender bien esto, otra vez, requerirá *entrenamiento*. Hay muchos ejemplos de esto saliendo mal. Pero una vez que la profecía se vuelva parte de tu vida, no hay vuelta atrás. Justo el otro día estaba en medio de una decisión importante, orando a Dios para que me diera una dirección clara. *Mientras oraba*, recibí un mensaje de un amigo del otro lado del mundo con una "palabra" que sentía del Espíritu para mí. Fue *insólito*. El lenguaje que usó, las imágenes, todas parecían haber salido directo de mi tiempo de oración y él no tenía idea siquiera de que yo estuviera tomando una decisión. Me dio una palabra, que yo interpreté como *de parte de Dios*. Esta es la posibilidad de la profecía.

#4. JUSTICIA

Es una gran tragedia que la palabra "justicia" haya quedado atrapada en las guerras culturales y la polarización entre la izquierda y la derecha política. Para algunos, justicia *es* el bien final; para otros, tiene que ver con los excluidos. Por supuesto, "justicia" significa diferentes cosas para diferentes personas.[60] Puede querer decir una cosa en Isaías, otra en la red social X (antes Twitter) y otra más en una película de vaqueros de Clint Eastwood. Pero *no* es una palabra que debamos permitir que el secularismo la defina (para mis amigos de la izquierda) ni es una práctica que podamos abandonar (para los de la derecha), porque es central para el corazón de Dios.

Jesús se para en una larga línea de profetas hebreos que se levantan por la justicia en el mundo. El ejemplo más dramático es cuando Jesús limpió el templo, que se había convertido en suelo fértil para la corrupción antes que un lugar de coincidencia entre el cielo y la tierra. De eso se trata la justicia, de arreglar lo que está mal, de enderezar lo torcido. El Dr. Gerry Breshears dice: "Practicar la justicia es el acto de unirse a Dios al ver que el orden de lo creado (las personas y todo lo demás) recibe lo debido".[61] Y al hacerlo, no importa el dolor que experimentes. Significa perjudicarte a ti mismo por el bien del "otro", del que necesita cuidado.

Seguir a Jesús es apoyar a *Jesús* para hacer justicia.

Entonces,

sanidad,

liberación,

profecía,

justicia.

Si todo esto te suena como casi imposible, recuerda: la única manera de que podamos hacer *algo* de todo esto es "en el poder del Espíritu Santo". Sí, nos entrenamos con Jesús, pero estas no son habilidades que podamos llegar a dominar usando la técnica correcta (aunque se requieren habilidades); son señales del reino que irrumpe, y que nosotros canalizamos a través de nuestro cuerpo en amor.

Cada persona que conoce a Dios es una oportunidad de amar y de servir.

Cada día está repleto de posibles milagros.

Cada momento está preñado de posibilidades, si tan solo abrimos nuestros ojos.

Como lo expresó Kallistos Ware: "Desde esta hora y este momento yo puedo empezar a caminar por el mundo, consciente de que es el mundo de Dios, que Él está cerca de mí en todo lo que veo y toco, en toda persona con la que me encuentro".[62]

Las célebres últimas palabras de Jesús: "Vayan por todo el mundo",[63] están escritas en un tiempo verbal único; una traducción más literal sería *"mientras están yendo* por el mundo…"*. Para algunos esto significa un llamado a tomar un avión e ir a donde están los grupos de personas no alcanzadas, pero para la mayoría de nosotros solo significa cruzar la calle o ir en bicicleta calle abajo o hacer contacto visual con nuestro almacenero.

Mientras estás yendo en tu vida cotidiana, vive con los ojos abiertos para ver lo que el Padre está haciendo a tu alrededor y únete a Él. Como dijo Jesús: "Solo hago lo que veo hacer al Padre".[64] Jesús tuvo esta asombrosa habilidad de *ver* a la gente, de ver lo que Dios estaba haciendo en ellos, allí mismo, y desatar el poder y los propósitos de Dios en cada momento.

Para "ver" como Jesús, es probable que tengamos que disminuir la velocidad, que estemos presentes al momento, que respiremos. Y al respirar, mirar en dónde el Padre ya está obrando, y unirnos a Él.

"Las alegres cargas del amor"

Esto puede sonar un poco abrumador. Vivimos en una era de ansiedad; la mayoría de nosotros ya estamos agotados, sobrecargados y estresados. Ahora estamos dándonos cuenta de que para ser buenos aprendices de Jesús deberíamos practicar la hospitalidad, contarles a otros sobre Jesús ¡y hasta sanar enfermos y echar fuera demonios!

Respira hondo.

Inhala…

Exhala…

Hay una imagen descriptiva en las cartas del apóstol Pablo que encuentro especialmente práctica al respecto. Él llama a la iglesia "el cuerpo de Cristo".[65] La presencia personificada de Cristo en el mundo. Como Santa Teresa de Ávila expresa:

> Cristo no tiene cuerpo en la tierra más que el tuyo. Tuyos son los ojos con los que mira compasivamente a este mundo. Tuyos son los pies con los que camina para hacer el bien. Tuyas son las manos con las que bendice a todo el mundo. ¡Cristo no tiene cuerpo ahora en la tierra más que el tuyo![66]

Pero en la teología paulina, *nosotros* somos el cuerpo. No tú ni yo… nosotros, juntos.

La implicación de esto es que nadie puede hacerlo todo.

Me encanta esto de Thomas Kelly:

> La Amorosa Presencia no nos carga por igual con todas las cosas, sino que con consideración pone sobre cada uno de nosotros unas pocas tareas centrales, como responsabilidades decisivas. Para cada uno de nosotros esas asignaciones especiales son nuestra parte en las alegres cargas del amor. No podemos morir en *cada* cruz, ni tampoco se espera que lo hagamos.[67]

El corazón de Dios es universal. Literalmente está por todo el universo, nuestros corazones no. Somos finitos, mortales, pasajeros. Pero sobre cada uno de nosotros Jesús pondrá una pequeña parte de su corazón universal de amor. Encontraremos que se inclina hacia un tema *particular* de justicia, un grupo especial de personas, una familia vecina o una línea de trabajo. Y eso será percibido por nosotros como una alegría.

Kelly también dijo: "Por medio de persuasiones internas nos conduce a tareas muy definidas, *nuestras* tareas, el corazón de Dios con cargas personalizadas y particulares. Sus cargas en nosotros".[68]

Esto me hace pensar en la frase del apóstol Pablo sobre las labores "que el Señor le asignó a cada uno".[69]

¿Qué está tratando de expresarle Cristo a través de tu vida en particular al mundo que observa? ¿Cuál es tu "tarea"? ¿Tus "alegres cargas del amor"?

Hay dos áreas primordiales en donde normalmente gastamos esas energías de amor. La primera es nuestro trabajo.

Todos nosotros trabajamos, y muchos recibimos un pago por ello, aunque no todos (la paternidad es un ejemplo). En efecto, ahí es donde pasamos la mayor parte de nuestra vida —no en oración o estudio bíblico, sino en la oficina, en el lugar de trabajo o en el campo.

Jesús mismo trabajó en el anonimato como carpintero por muchos años. Bien podría haber sido un ingeniero en sistemas o un artista o un funcionario municipal. Pudo haber hecho lo que *tú* haces.

Un número creciente de seguidores de Jesús están empezando a ver su trabajo no como tal, sino como un "llamado" e incluso un "ministerio". Una vez que adoptas esta mentalidad, ella lo cambia todo. Como lo expresó el eminente predicador Tony Evans: "No has vivido realmente hasta que hayas encontrado tu ministerio dado por Dios. Vivir sin un sentido de agenda divina es simplemente existir, estar desconectado de una perspectiva eterna y, por lo tanto, simplemente pasar el tiempo".[70]

La forma en que hacemos de nuestro trabajo nuestro "ministerio" no es siendo pastores o abriendo una fundación; es haciendo lo que hacemos normalmente, imaginando qué haría Jesús si fuera nosotros: con diligencia, empeño, integridad, humildad y la ética del reino. Además, haciendo el trabajo *muy* bien.

El trabajo es una expresión de amor. El poeta Khalil Gibrán lo dijo así: "El trabajo es amor hecho visible".[71] Si eres chef, la forma en que amas a las personas a través de tu trabajo es cocinando la mejor comida que puedes. Si eres piloto de aerolínea, es llevando a la gente a casa de manera segura, y un suave aterrizaje sería un regalo. Si eres emprendedor, es iniciando un buen negocio que contribuya al bienestar común. Esto no es cierto nada más respecto a los empleos de alto nivel, sino de *todos* los trabajos. Como el Dr. Martin Luther King bellamente expresó:

> Cualquiera sea tu trabajo en la vida, hazlo bien (…). Si te cae en suerte ser barrendero urbano, barre las calles como Michelangelo pintó sus frescos, como Shakespeare escribió su poesía, como Beethoven compuso su música. Barre las calles tan bien que las huestes celestiales y terrenales tengan que parar para decir: "Aquí trabajó un gran barrendero urbano, que hizo su trabajo muy bien".[72]

Trabaja bien, ama bien.

La segunda área es lo que el Nuevo Testamento llama "buenas obras". Estos son actos esporádicos de amor que van desde sanar a los enfermos hasta ayudar a llevar las bolsas de supermercado de la anciana de tu calle. Pienso en el llamado de Jesús a sus aprendices:

> Hagan brillar su luz delante de todos, para que ellos puedan ver las *buenas obras* de ustedes y alaben al Padre que está en el cielo.[73]

¿Hay algo —cualquier cosa— que sientes que el Espíritu de Dios está agitando en tu corazón? ¿Un deseo de hacer *bien*? No un acto para lavar culpas ni una obligación religiosa de estar más involucrado en tal o cual proyecto, sino un impulso interior del corazón sobre algún acto pequeño de amabilidad.

Eso es lo que Jesús ha puesto en ti. Es sencillo y liviano. Hazlo y descubrirás el gozo. Jesús conoce por experiencia personal el peso emocional de ser humanos: "Porque no tenemos un sumo sacerdote incapaz de compadecerse de nuestras debilidades".[74] En mi experiencia, a menudo Él depositará una pequeña carga de amor sobre nuestro corazón, una idea que viene a la mente en oración, una oportunidad inesperada en medio de nuestro día, de participar en el derramamiento externo de amor de la Trinidad por todos.

Cuando ese momento llegue, ¿seguirás ese suave peso en tu corazón?

La Meta #3 puede sonar extraña junto con las otras dos. *Estar con Jesús* y *Volvernos como Jesús* puede sonar como un poco "hacia adentro", mientras que hacer lo que Él hizo suena inconfundiblemente más "hacia afuera". Y ciertamente existe una tensión entre lo que las generaciones anteriores llamaban "vida contemplativa" y "vida activa", pero es una tensión saludable.

Después de todo, lo contrario a contemplación no es *acción* sino *reacción*. No es una vida *activa* hacer el bien en el mundo, trabajar duro, servir a los que tienen necesidad, sino que es exactamente lo que uno esperaría de una vida de permanecer: llevar "fruto". Es una vida *reactiva*: quedarse varado en la tiranía de lo urgente, no lo importante, yendo tras la última moda, desperdiciando la vida fugaz que tenemos escalando una ilusoria carrera corporativa, corriendo de una distracción a la siguiente.

No, de lejos la opción más dura, pero más reconfortante, es una vida de acción contemplativa o de contemplación activa, como más te guste. Una vida donde *todo* lo que somos es integrado al seguir a Jesús, nuestro centro, nuestra vida.

Ahora estamos finalmente listos para le pregunta del millón de dólares: ¿cómo lo hacemos?

¿Cómo?
Una regla de vida

Sueño con visitar Japón algún día. Estoy fascinado con su cultura, el arte y el diseño, la historia. Se va a dar, lo presiento. Pero para que mi sueño se haga realidad, necesito algo más que una visión de la belleza de la cultura japonesa y un deseo de experimentarla de primera mano: tengo que poner fecha, reservar un vuelo, contratar un hotel y ahorrar dinero para el viaje.

En síntesis, necesito un plan. De otro modo mi deseo, no importa cuán genuino sea, nunca se cumplirá.

Todos nosotros, antes de salir a un viaje, necesitamos al menos dos cosas: (1) Una visión convincente del destino deseado, y (2) Un plan para llegar ahí. En ningún otro plano esto es más cierto que en la vida espiritual.

La mayoría de las personas tienen un plan para su dinero (un presupuesto), un plan para su tiempo (una agenda) y toda clase de planes para su educación, profesión, jubilación, familia, equipo de fútbol de sus hijos, etc. Pero muy pocas personas han pensado un plan para estar con Jesús y aprender de Él de tal modo que, con el tiempo, se conviertan en la clase de personas que naturalmente hagan y digan lo que Jesús hizo y dijo.

Muchos tienen *deseos*, buenas intenciones, pero no tienen un plan, mucho menos uno que haya sido probado en el tiempo y hallado altamente eficaz. Pero como dice Pete Scazzero: "Alimentar una espiritualidad creciente y profunda en nuestra cultura actual requerirá un plan reflexivo, intencional y consciente para nuestra vida espiritual".[1]

Me encanta esto: un "plan para nuestra vida espiritual".

Ahora bien, esto no quiere decir que planifiquemos nuestra vida espiritual. Lo reitero: nosotros no estamos en control. Quiero decir que planeamos *para* nuestra vida espiritual; diseñamos intencionalmente nuestra vida para darle rienda suelta a Jesús sobre nuestra formación. Si lo hacemos, un nivel completamente nuevo de gozo estará presente en nuestra vida cotidiana. Una de mis citas preferidas de Willard es:

> Debes acomodar tus días de tal modo que experimentes un profundo contentamiento, gozo y confianza en tu día a día con Dios.[2]

Observa el enfático *debes*. Nosotros *debemos* organizar nuestros días —nuestra rutina matinal, nuestros hábitos diarios, nuestra agenda, presupuesto y relaciones, la red entera de nuestra vida— para poder disfrutar la vida diaria con Dios.

Para la mayoría de nosotros esto requerirá no solo que *organicemos* nuestros días, sino que *re*organicemos nuestros días; la prisa, la adicción digital, el agotamiento crónico y todo eso que hemos sido condicionados a creer que es normal, cuando en realidad es completamente insano.

Esta es una forma de pensar en el discipulado en la era moderna: un esfuerzo disciplinado para bajar las revoluciones y hacer espacio para que Dios nos transforme.

Pero, lo digo otra vez, *esto no ocurrirá por sí solo*.

Entonces, el plan...

El enrejado y la viña

Permíteme introducirte a un concepto de la iglesia primitiva que creo que es vital para la iglesia futura: una regla de vida. Los primeros aprendices de Jesús estaban haciéndose la misma pregunta que nosotros: ¿Cómo hacemos para seguir a Jesús de tal manera que seamos transformados?

La respuesta que obtuvieron, a mi parecer, era y todavía es la mejor: con una Regla. *Regla de Vida* es un lenguaje antiguo, entonces nos suena extraño o incluso poco atractivo a nuestros oídos modernos. Pero para los amigos del antinomismo, por favor observen que es *Regla de Vida* (singular), no *reglas* para la vida (plural).

El término original en latín era *regula*, de donde obtenemos palabras como "regular" y "regulación", como así también "regla" y "gobernante" [en inglés, *ruler*], porque literalmente significa "un trozo de madera recta".[3] Hay un debate entre los eruditos respecto a los orígenes de *regula*, pero algunos afirman que la palabra ya se usaba en el antiguo Mediterráneo para describir un enrejado en una viña. La descripción gráfica de un enrejado se utilizó tempranamente acerca de los maestros del Camino, quienes tomaron la metáfora de Jesús de la viña y la llevaron a una conclusión lógica. Piensa en un viñedo. Para que una vida "lleve mucho futo", ¿qué necesita? Un enrejado, una estructura que la eleve de la tierra, la airee, deje que entre la luz solar y dirija su crecimiento en la dirección deseada. De otro modo, sin esta espaldera, dará una fracción del fruto que podría haber dado, y el poco que produzca será altamente vulnerable a plagas, daños y animales silvestres.

Del mismo modo, para que un aprendiz de Jesús "permanezca en la vid y lleve mucho fruto" también necesita un enrejado, una estructura de soporte que haga espacio para la vida con Dios.

Entonces, ¿qué es exactamente una regla de vida?

Una regla de vida es *una planificación, un conjunto de prácticas y ritmos relacionales que generan espacio para estar con Jesús, volverse como Él y vivir alineados con nuestros más hondos deseos.* Es una forma de organizar intencionalmente nuestra vida en torno a lo que más importa: Dios.

Rich Villodas lo expresa bien:

> Esta *regla* no significa una lista de reglas. Es más bien un conjunto de prácticas, relaciones y compromisos que son inspirados por el Espíritu con el fin de llevarnos a nuestra plenitud en Cristo.[4]

Si el lenguaje de la Regla te hace perder el interés (como a algunos les sucede), te hago una breve nota histórica: en los primeros siglos de la iglesia, la expresión "Camino de Vida" se usaba de manera intercambiable con "Regla de Vida". Dentro del mismo Nuevo Testamento, Pablo escribe sobre "el estilo de vida que tengo yo como creyente en Cristo Jesús, y que voy enseñando por doquier en cada iglesia".[5] Pocos siglos después de eso, cuando el latín se convirtió en la lengua franca de la iglesia, escritores como San Benito usaron la palabra "Regla". Regla, Camino, la misma diferencia.

Dicho de manera sencilla, una regla de vida es un *plan* para seguir a Jesús, para ser fieles a nuestro compromiso de aprender de Él.

David Brooks una vez definió compromiso como "enamorarse de algo (o de alguien) y luego construir una estructura de conducta alrededor para esos momentos en que el amor escasea".[6] De eso se trata la Regla. Es una estructura de comportamiento "para cuando el amor escasea", para anclar nuestras vidas a algo más profundo que nuestras emociones cambiantes y deseos caóticos.

Cada vez que oficio un matrimonio, cito una frase del pastor y mártir Dietrich Bonhoeffer, quien, en una carta que escribió desde la prisión, le dijo a una pareja en el día de su boda: "Hoy son jóvenes y están enamorados, y piensan que su amor podrá sostener su matrimonio, pero no será así. Más bien, que su matrimonio sostenga su amor".[7] Tanto en el matrimonio como en la vida con Dios, es la restricción del compromiso lo que genera espacio para que el amor madure y la transformación real ocurra. A menudo nos fastidiamos con eso, pero al final, como una oruga en la restricción de la pupa, allí es donde somos transformados en mariposas, una criatura enteramente nueva y hermosa.

Ya tienes una regla de vida

El asunto es este: *tú ya tienes una regla de vida*. Puede ser expresa o tácita, consciente o inconsciente, sabia o necia, basada en una visión a largo plazo o una gratificación instantánea de corto plazo, que te hace avanzar hacia el destino deseado o que sabotea tus mejores intenciones. Pero...

Incluso si nunca has oído de una "Regla de Vida" hasta hace dos minutos atrás, ya *tienes* una. Tienes una "forma" de vivir, un estilo de vida, una rutina por la mañana, un día típico de trabajo, una red de relaciones, un presupuesto, actividades en las que pasas tu tiempo libre, etc.

La pregunta no es si tienes una regla de vida.

La pregunta es *cuál* es tu regla de vida.

Y, además, ¿te está dando la clase de vida que deseas? ¿Está trabajando *para* ti o *en tu propia contra*? La mejor forma de responderlo es llevar una clase de inventario espiritual;[8] una evaluación franca de tu vida.

Hay un refrán del mundo laboral que me encanta: "Tu sistema está perfectamente diseñado para darte los resultados que estás obteniendo". Me gusta aplicar esa máxima no a una fábrica de artefactos o la línea final de una hoja de cálculo, sino a la salud y el crecimiento de nuestra alma (o la falta de ella). Si tu vida emocional está desequilibrada, si te sientes lejos de Dios, estresado, ansioso, crónicamente histérico, y no te estás convirtiendo en una persona cada vez más amorosa, es probable que algo en el *sistema* de tu vida esté mal diseñado. Porque tu *vida* es el producto de tu *estilo* de vida.

El problema no es que tu regla de vida no esté funcionando; es que *sí funciona*. Francis Spufford, en su defensa de la espiritualidad cristiana, escribe sobre ese sentimiento que tienes cuando te levantas un sábado por la mañana con esa leve resaca, sintiéndote vacío, un poco solo y frustrado… y cómo en un punto tienes que luchar contra el hecho de que tus decisiones no te están llevando a la vida que deseas. Tu libertad es la que te trajo aquí, no tus restricciones.[9]

Una regla de vida es una invitación a una definición muy diferente de libertad respecto a la que el mundo moderno te da; una invitación a abrazar las restricciones que, una vez te entregues a ellas, eventualmente te harán verdaderamente libre. La novelista Annie Dillard dijo célebremente: "La forma en la que pasamos nuestros días es, por supuesto, la forma en que pasamos nuestra vida".[10] Pero léelo a través de la lente de la formación espiritual: "Cómo pasamos nuestros días" no solo determina lo que hacemos con nuestra única, preciosa y efímera vida, sino quiénes *llegamos a ser*.

Agarrar tu teléfono como primera cosa al levantarte en la mañana y revisar las redes sociales no es solo un mal hábito: es la elección de permitirte ser formado en una cierta clase de persona.

Pasar más tiempo leyendo las noticias que las Escrituras no solo es poco sabio: es elegir volverte como tus comentadores favoritos más que como Jesús.

Gastar tu dinero en *otra* cosa más que no necesitas no es solamente jugar con tus ganancias: es alimentar un apetito dentro de ti que se volverá cada vez más voraz.

Todo esto que hacemos *nos hace algo* a nosotros: nos forma. Por eso...

Guardar y guiar

Una regla de vida debe equilibrar ambos lados de la ecuación. Debe guardar y debe guiar. El intelectual cristiano Andy Crouch define de una manera muy bella lo que es una regla de vida, definiéndola como "un conjunto de prácticas para guardar nuestros hábitos y guiar nuestra vida".[11]

Regresando a la metáfora de la viña, un jardinero tiene dos tareas: por un lado, atender las plantas y por otro, impedir que crezcan malezas. Del mismo modo, necesitamos preguntarnos: ¿Qué quiero poner *en* mi vida, y qué quiero *mantener lejos*? ¿Qué quiero que *crezca* y qué quiero que *muera*?

Si miraras mi Regla (una que cumplo junto con una pequeña comunidad de amigos), verías un montón de disciplinas espirituales que probablemente esperes encontrar: una hora de quietud en la mañana donde oro y leo las Escrituras, un Sabbat semanal y comida con mi congregación, un día al mes de estar en soledad, etc. Pero luego también verías un montón de extraños hábitos que son clave para mí y que no aparecen en la regla de vida original, porque mayormente son mi forma de lidiar con el punto débil oscuro la de la era digital. En realidad, son más bien lo contrario a los hábitos, en mi intento de lograr una contraformación. Aquí te muestro algunos ejemplos:

- "Hacer de padre" con mi teléfono. Tengo un reloj de alarma análogo, de esos antiguos. Mi teléfono celular "se va a la cama" a las 8:30 de la noche, queda en una caja en mi oficina, y no le está "permitido levantarse" hasta que haya finalizado mi tiempo de oración matinal y realizado mi cuota diaria de escritura.
- Un Sabbat digital completo de veinticuatro horas. Desconectamos todos los artefactos un día completo cada semana, incluyendo teléfonos, computadoras y televisión durante todo nuestro día de descanso y adoración. Esto es así para los adolescentes también.[12]
- Limitar el uso de redes sociales a un día a la semana.[13] Lo comparo con respirar gases tóxicos. A veces es necesario en el mundo moderno, pero no es bueno para tu salud y demasiado llegaría a matarte.
- Limitar mi ingesta de medios (televisión, películas, YouTube, etc.) a un máximo de cuatro horas semanales. Esto lo tomé de la Regla de Vida para la Praxis, de Andy Crouch: "En vez de que nuestra imaginación se sature por los medios, buscamos ser transformados por la renovación de nuestro entendimiento. Nos comprometemos a establecer límites estructurados para el uso de pantallas y consumo de entretenimiento, en cantidad, frecuencia y carácter moral".[14] Así es la cosa.

Nota: Estas *son* más como "reglas", pero la intención detrás de ellas no es el legalismo. Estoy bien al tanto de que no representan la medida de mi madurez en absoluto (en realidad, mi necesidad de ellas da cuenta de mi *inmadurez*). Ni una sola de ellas me hace más amoroso o santo, sino que simplemente reconozco el poder de la tecnología y las comunicaciones tanto para formarme como para *deformarme*. Si no las controlo, están diseñadas para consumir mi vida y formarme en una clase de persona específica, una que es todo lo contrario a Jesús. Pero mi mayor deseo es que Dios consuma mi vida y, a su tiempo, me vaya formando a su imagen.

Y aunque no estoy diciendo que tú tengas que adoptar las mismas reglas que yo, creo que *todos* necesitamos al menos algunas reglas para el uso de nuestro teléfono y, a menos que decidamos jugar con fuego, también las necesitamos para las redes sociales.

¿Esto te molesta? ¿Estás pensando: "Bueno, yo soy un espíritu libre; no me gusta que me controlen"? Detesto tener que desilusionarte, pero sí estás siendo controlado, solo que, por la adicción a tu teléfono, los apetitos de tu cuerpo por el placer y los siniestros algoritmos de Silicon Valley. Crear algunas "reglas" puede ayudarte a poner tu vida *de nuevo* bajo el control de tus deseos más profundos.

Elige tus propias limitaciones, o se elegirán por ti, no por el Espíritu de Dios que mueve tu propio corazón hacia el amor, sino por un programador o algoritmo en Silicon Valley que trabaja para robar tu tiempo y moldear tu comportamiento.

La decisión es tuya: dominas o eres dominado.

Vivir con una Regla, por supuesto, requerirá un curso acelerado para aprender a decir *no*, no solamente al pecado, sino a toda clase de cosas, buenas y malas. Esto, a su vez, nos hará a muchos repensar el criterio de toma de decisiones. Yo solía medir las conductas potenciales con la pregunta ¿es pecado o no? Pero ahora que entiendo mejor el evangelio y la posibilidad de tener una "vida abundante" con Jesús, mi nueva pregunta es: *¿esto me acerca a Jesús o me aleja?*

Esa es una pregunta *mucho* más interesante...

El objetivo es vivir con una nueva clase de enfoque e intencionalidad y paz mental que admiro y a la que aspiro, pero muy pocos lo alcanzan. Steve Jobs, el iconoclasta californiano, dijo célebremente que estaba tan orgulloso por lo que Apple *no* había hecho como por lo que había hecho. Y luego aclaró: "La gente piensa que enfocarse significa decirle *sí* a aquello en lo que te enfocas, pero no es así. Significa decirle *no* a cientos de otras ideas buenas que hay. Tienes que elegir con cuidado".[15]

Lo mismo con una Regla: "Tienes que elegir con cuidado".

Tienes que decir *no* más seguido de lo que dices *sí*, porque solo hay una cierta cantidad de horas al día. Pero escúchame: una Regla sabiamente decidida tiene el potencial de enriquecer tu vida de maneras que no puedes imaginarte.

Cuatro cosas que una buena Regla hará por ti

#1. TE AYUDARÁ A CONVERTIR LA VISIÓN EN REALIDAD

Todos conocemos el refrán: "El camino al infierno está empedrado de buenas intenciones", porque captura el dolor agudo de la condición humana. Una característica común de la caída es aspirar a una vida hermosa, pero luego fallar en el compromiso, la disciplina y la paciente resistencia que se requiere para convertir esa visión en realidad. La mayoría de nosotros deseamos genuinamente lo bueno, pero fallamos porque evitamos, procrastinamos o ponemos excusas en vez de dar los pasos necesarios para avanzar hacia el deseo del corazón. "De hecho, no hago el bien que quiero, sino el mal que no quiero".[16] Constantemente nos autosaboteamos.

Este es el gran desafío del liderazgo: pasar de las ideas aspiracionales a la transformación auténtica. Una regla de vida puede reducir la brecha. Tomará las ideas aspiracionales tales como "pasar tiempo con Jesús" o "convertirte en la persona de amor" o "eliminar implacablemente la prisa de tu vida" y las convertirá en un hábito de tu cuerpo, reconfigurando literalmente tu sistema nervioso central. Sin una Regla, estas ideas probablemente solo queden como un cliché sentimentalista.

El escritor espiritual John Ortberg una vez me dijo: "Seguir a Jesús es como una especie de juego de golf. La parte fácil es tener una visión de lo que tienes que hacer: el *swing* perfecto, la postura corporal adecuada, el ángulo correcto de acercamiento y, por supuesto, la cantidad de golpes que hagas. La parte *difícil* es retener esa visión en los músculos de tu memoria para que salga de ti naturalmente sin siquiera tener que pensarlo demasiado".

Yo no juego al golf, pero todavía pienso en esa analogía. Escuchar sermones (o leer libros) sobre seguir a Jesús es como mirar videos de golf en YouTube. Es un lugar maravilloso por donde comenzar, pero no llegarás muy lejos hasta que te calces los zapatos y tus pies toquen el *green*.

#2. Te ayudará a experimentar paz al vivir alineado con tus deseos más profundos

San Serafín de Sarov una vez dijo: "Consigue la paz interior y miles a tu alrededor encontrarán la salvación". Todos anhelamos la paz interior, pero la mayoría nunca la obtiene. ¿Cómo la "conseguimos"?

No hay una sola respuesta a esta pregunta, pero el consultor de empresas Stephen Covey una vez dijo que alcanzamos la paz interior cuando nuestra agenda está alineada a nuestros valores, porque a menudo no lo están, y muchos vivimos en la corriente eléctrica de la ansiedad que palpita por nuestro sistema nervioso todo el tiempo; está *allí*, fastidiándonos y drenándonos la reserva de energía.

En este mundo "tuitero" de la era digital, es más fácil que nunca "ser distraídos de la distracción por la distracción", dijo una vez T. S. Elliot.[17] Las empresas más poderosas en la historia del mundo están trabajando noche y día con los algoritmos más sofisticados que jamás se inventaron para avivar tus miedos y alimentar tu enojo por todos los medios posibles.[18]

Vivir una vida de paz en la era digital *demandará* una cierta clase de resistencia.

La regla de vida es solo eso: un acto de rebeldía contra los poderes y principados del imperialismo digital. Es una manera de ser fiel a tus deseos más profundos, de estar con Jesús, de dejarlo formarte en una persona amorosa, de hacer todo lo que Dios te puso en la tierra para hacer. Una manera de negarte a desperdiciar tu vida.

Por supuesto que el desafío de la regla de vida es aquello que te obligará a clarificar cuáles son esos deseos tan profundos para ti, aquello que te ayudará a escuchar a tu corazón y a tu Dios. Una de las mejores formas de hacerlo es, como un erudito ignaciano me dijo hace poco, "prestarle atención a tu envidia". Presta atención cuando ves algún rasgo en la vida de otra persona y piensas: "me gustaría que mi vida fuera así".

Luego elabora una Regla para ir en esa dirección.

#3. TE AYUDARÁ A VIVIR AL RITMO ADECUADO

El ritmo lo es todo. Demasiado, muy rápido, nos hace acelerar rumbo a la prisa (definición: demasiado que hacer, sin tiempo suficiente para hacerlo), matando nuestra vida espiritual, quitándonos las energías emocionales e inevitablemente agotándonos.

Pero lo contrario también es cierto: muy poco, muy despacio, nos atrofiará, cayendo en una fuga letárgica y egocéntrica, lo que los antiguos llamaban acedía, o pereza, "el demonio del mediodía". Una regla de vida te ayudará a determinar de antemano la "velocidad" de tu vida, de modo que no te quemes ni te estanques, sino que digamos, como Pablo "sigo avanzando hacia la meta para ganar el premio".[19]

#4. TE AYUDARÁ A EQUILIBRAR LA LIBERTAD CON LA DISCIPLINA

Imagina una vida boyante en un péndulo: de un lado está la libertad, del otro la disciplina. Espontaneidad y estructura. Caos y orden. Muy lejos de la libertad, te atormenta la ansiedad; muy cerca de la disciplina, sientes claustrofobia.

Dependiendo de tu personalidad, probablemente gravites hacia un polo o el otro, y en varias etapas de la vida es probable que avances y retrocedas un poco. Eso es sano. La clave es el equilibrio.

Por esa razón es una *Regla*, no una *ley*.

Piensa en la diferencia entre ambas. Una ley es impuesta desde una fuente externa y tiene muy poca flexibilidad. Se basa en la culpa y la inocencia, y está diseñada para mantenerte alejado de lo negativo. A menos que me esté perdiendo de algo, mis amigos anarquistas están muy equivocados: *necesitamos* las leyes.

Pero una Regla es muy diferente. Es generada por tu propio deseo y posee mucha flexibilidad. No importa si es un día feriado, no hay nadie en la calle y yo estoy conduciendo un Ferrari (es una situación hipotética, claramente mis libros no se vendieron tanto), aun así, tengo que conducir a cuarenta kilómetros por hora.

Compáralo con una pequeña "regla" que T y yo tenemos en nuestro matrimonio. Nos pusimos como meta cada día tener una conexión íntima veinte o treinta minutos al día, salir una noche a la semana, y cada cuatro meses pasar un fin de semana sin nuestros hijos, solo para descansar y estar juntos. Hay muchísima flexibilidad en nuestra regla, y cuando fallamos, no sentimos culpa o vergüenza; lo que sí sentimos es más tensión, más distancia, menos sintonía y menos amor.

Por esa razón existe la Regla.

Lo mismo sucede con la regla de vida. Es un mapa y una senda, no una camisa de fuerza.

Mi amigo Tyler Staton usa la metáfora del ancla y el bote. La Regla es el ancla, tu vida es el bote. La mayor parte del tiempo, cuando estamos viviendo bien, ni siquiera lo sentimos. Pero cuando nos desviamos, percibimos que nos tironea de regreso al centro. Margaret Guenther —esposa, madre y sacerdotisa anglicana— lo expresa muy bien:

> Una buena Regla nos puede liberar para que seamos lo mejor que podemos ser. Es un documento de trabajo, una clase de presupuesto espiritual, no tallado en piedra sino sujeto a repaso y revisión de manera regular. Ella debería sostenernos, nunca ahogarnos.[20]

Para concluir, debo decir que no hay un enfoque de talla única para la regla de vida, porque no hay una talla única para la formación espiritual. No hay una manera "correcta" de elaborar una regla de vida, como tampoco hay una forma "correcta" de orar. Jesús vino para hacernos libres viviendo según su Camino, no esclavizándonos a una rutina, ritual o religión.

Dicho esto, hay algunas prácticas centrales del Camino de Jesús que idealmente deberían aparecer, al menos con cierta repetición, en la regla de vida de cada discípulo. Pero antes de nombrarlas, una breve palabra sobre lo que las prácticas son...

Definición de las prácticas

El profesor Craig Dykstra de la Universidad Duke, dijo una vez: "La vida de la fe cristiana es la práctica de muchas prácticas".[21]

A lo que yo llamo "las prácticas" la mayoría de las personas le dicen "disciplinas espirituales".[22] Mi amigo y colega Strahan las llama "altares de disponibilidad". Ruth Haley Barton las llama "ritmos sagrados";[23] el ya fallecido pastor Eugene Peterson, "ritmos de gracia";[24] los teólogos reformados, "medios de gracia";[25] pero para traducirlo en un lenguaje más coloquial, esencialmente son hábitos que están basados en la vida (léase estilo de vida) de Jesús.

Comencemos con lo que las prácticas *no* son.

#1. NO SON UN BARÓMETRO DE MADUREZ ESPIRITUAL.

Sí, un discípulo es alguien "disciplinado" y, sí, es probable que un discípulo de Jesús más maduro vivirá con un régimen más riguroso de prácticas, y uno menos maduro será más caótico y descomprometido. Pero... el amor es la medida de la madurez espiritual, no una disciplina.

La disciplina es un medio para alcanzar un fin. El fin es estar con Jesús, volverse como Él y hacer lo que Él hizo. El psicólogo Rich Plass de *The Relational Soul* [El alma relacional] lo expresa así: "Las disciplinas espirituales no son un fin en sí mismas. Son medios para llegar a un fin (...). Las disciplinas colocan al alma en la senda donde puede llegar a conocer a Dios y vivir presente para otros en amor".[26]

Sigue su lógica, está completamente acertada: las disciplinas son el camino, no el destino.

Conozco algunas personas que nunca faltan una semana a la iglesia, leen la Biblia entera en un año y nunca miran películas XXX (todas cosas buenas), pero siguen siendo prejuiciosas, controladoras, están movidas por el resentimiento, ciegas a sus propias sombras y, algunas veces son increíblemente indiferentes.[27] Y conozco a otros que pasan por la etapa de intentar sobrevivir como padres de niños pequeños y apenas tienen diez minutos al día para orar, pero, así cansados como están, cada año son más bondadosos.

El amor es la medida a la que debemos prestarle atención.

#2. No son aburridas

Las palabras "práctica" y "disciplina" pueden sonar como algo gravoso, especialmente para aquellos con un tipo de personalidad más espontánea y divertida. Pero muchas de las prácticas son increíblemente alegres, como el Sabbat, dormir (sí, dormir es una práctica de Jesús), dar un banquete, agradecer, celebrar, alabar, etc. Muchas otras, como la solitud o el servicio, *se vuelven* gozosas a medida que las practicamos con el tiempo.

Como dijo Richard Foster: "El gozo es el fundamento de todas las disciplinas".[28]

#3. No son una forma de mérito

Aunque me imagino que Dios el Padre está encantado con cada esfuerzo que hacemos por avanzar en su dirección, no estamos "ganando" *nada* cuando practicamos el Sabbat, leemos la Escritura o servimos a los pobres, y ciertamente no por algún libro de contabilidad judicial basado en méritos.

Esto es importante decirlo especialmente para los que tienen un trasfondo más legalista. John Ortberg bien lo dijo: "La gente que vive bajo el yugo del legalismo y luego escucha el mensaje de la gracia, a veces tiene miedo de que al hablar de disciplinas eso pueda conducirlas a otra forma de opresión religiosa. Pero las disciplinas espirituales son simplemente un medio para apropiarse o crecer hacia la vida que Dios ofrece por gracia".[29]

"Apropiación" es una muy buena palabra.

#4. No son la versión cristianizada de la jactancia moral

El motivo común de hacer publicaciones en línea no es porque realmente crees en algo, sino para mantenerte siendo #tendencia, verte bien y evitar la cultura de la cancelación; la justicia social como moda rápida se encuentra con el nuevo clasismo.

Jesús se percataba de esta trampa sutil y con frecuencia hablaba en contra de ella. La vez que específicamente enseñó sobre las prácticas,[30] nombró tres de ellas (oración, ayuno y generosidad) y, aunque trajo revelación sobre cada una de ellas, el sentido de su mensaje era *advertir* sobre los peligros de practicarlas para "ser vistos por los demás".

Parece haber una clase de ley espiritual para todas las disciplinas: si las practicas por las motivaciones erradas (para lucir bien, para aumentar tu autoestima, para encubrir tu vergüenza), obran en contra de tu formación, no a favor de ella. Se tornan en una clase de infestación parasitaria en tu alma.

Hay peligros a lo largo de todo el camino espiritual. Aun así, es el camino correcto, pero hay peligros reales.

Por último…

#5. No son medios de control

Podemos ser fácilmente engañados y creer que las prácticas son algo que hacemos para obtener los resultados que deseamos en nuestra vida emocional y espiritual. Entonces se convierten en un intento (vano) por manipular los síntomas de nuestra vida para evitar el dolor. Pero *no* son una evasión contra el dolor. Las prácticas son la forma de encontrar a Dios en medio del dolor y profundizar nuestra entrega a Él, confiando que hará su voluntad en su tiempo.

Habiendo dicho esto, entonces *¿qué son* las prácticas?

Son disciplinas basadas en el estilo de vida de Jesús que generan tiempo y espacio para que accedamos a la presencia y el poder del Espíritu, y así ser transformados de adentro hacia afuera.

Dejar en claro lo que es una disciplina general puede ayudarnos mejor a entender lo que es una disciplina "espiritual". Esta es una definición estándar:

Una disciplina es toda actividad que se puede realizar mediante esfuerzo directo y que eventualmente nos permitirá hacer lo que actualmente no podemos hacer por esfuerzo directo.

Permíteme ilustrarlo con una metáfora del mundo del atletismo. Cuando yo era niño no era muy atlético, pero estaba obsesionado con el baloncesto (más específicamente con los Warriors). Recuerdo que pasaba *horas* driblando y lanzando *drills*, poniendo conos en mi camino para esquivarlos, y me quedaba hasta que anochecía practicando mi lanzamiento, porque, intuitivamente, sabía que la manera de convertirme en un buen basquetbolista no era *intentando* más, sino *entrenando* más. Cuanto más hacía lo que *podía* hacer —ejercitando los dribles y *drills*— más me convertiría en la clase de persona que estaba aprendiendo a hacer lo que todavía *no podía* hacer: lucirme en la cancha. En mi caso, la analogía falla debido a una desafortunada mezcla de genética y desarrollo muscular tardío, pero la imagen es buena.

Lo que los *drills* son al baloncesto (o lo que las escalas musicales son al que toca la guitarra, o lo que la carrera corta es al medio maratonista, o las esferas sombreadas al dibujante), es lo que las prácticas son para aquel que quiere convertirse en una persona amorosa. Nosotros hacemos lo que *podemos* hacer —leer las Escrituras, orar, practicar el Sabbat, compartir la comida en comunidad— para ser formados en la clase de personas que eventualmente harán lo que *actualmente* no pueden hacer: vivir y amar como lo hizo Jesús.

Una disciplina es una forma de acceder al poder.[31]

Una disciplina *espiritual* es un medio de acceso no solo a tu propio poder (a través de una clase de entrenamiento de resistencia del músculo de la voluntad), sino al *poder de Dios*. Son la forma diseñada por Dios de ofrecerte a ti mismo ante Él, de tal manera que puedas aprovechar (o "apropiarte de") lo que el apóstol Pablo llamó "gracia", la presencia del Espíritu de Dios que te llena de poder. Ahí viene Willard otra vez:

Las disciplinas son actividades de la mente y el cuerpo encaradas decididamente para llevar a nuestra personalidad y a todo el ser hacia una cooperación efectiva con el orden divino. Ellas nos permiten vivir cada vez más en un poder que, hablando estrictamente, proviene del plano espiritual, al ofrecernos "a Dios como quienes han vuelto de la muerte a la vida, presentando los miembros de su cuerpo como instrumentos de justicia".[32]

Dicho de otro modo, son *nuestra* parte en la transformación. Los cristianos antiguos lo llamaban "sinergia", que es no trabajar *para* Dios sino *con* Él.

Dios trabaja *y* nosotros trabajamos.

Dios tiene una parte y nosotros otra.

Nuestra parte es disminuir la velocidad, hacer espacio para rendirnos a Dios; la suya es transformarnos. Nosotros simplemente no tenemos ese poder. Por medio de las disciplinas, podemos decir junto con Pablo: "Pues Dios trabaja en ustedes y les da el deseo y el poder para que hagan lo que a él le agrada".[33]

Jesús modeló prácticas centrales que abarcaremos luego, disciplinas como el Sabbat, leer la Escritura, orar y ayunar. Los teólogos las denominan disciplinas "clásicas", no solo porque se remontan al mundo antiguo sino porque son clave para seguir a Jesús, para *todos los pueblos*, para *todo tiempo*.

Pero debo decir esto: cualquier cosa puede convertirse en una "disciplina espiritual" si se la ofrecemos a Dios como un canal de gracia. Te doy un ejemplo personal: por años me resistí a tener un perro (mi doctor dice que tengo "tendencias obsesivas". Soy extremadamente limpio... y los perros no lo son). La cosa es que, al final, era yo contra toda la familia y —adivina—, ¡yo salí perdiendo! Llegó Jyn Erso. Sí, le pusimos ese nombre a la perra por la heroína de Star Wars. Yo voté por llamarla Chewy (¿quién dice que no es un nombre unisex? ¿La versión canina de Alex o Taylor?), pero otra vez salí perdiendo.[34] Al principio me sacó de quicio. ¡Como si una casa con tres niños no fuera lo suficientemente estresante! Pero luego me di cuenta de que era tiempo de aceptar la realidad ("si no puedes contra ellos..."), así que empecé a llevar a Jyn Erso de paseo al bosque cerca de nuestra casa en Portland, a ofrendarle esos paseos a Dios y pedirle que me liberara de mi perfeccionismo, mi espíritu controlador y mi enojo crónico, todas cosas que impiden el fluir del amor. Me sorprendí de mí mismo porque terminé enamorándome de Jyn. Todavía tengo un largo camino que andar para librarme del perfeccionismo, pero al menos voy avanzando en la dirección correcta.

Podría ser pasear al perro para soltar el perfeccionismo, tomar una clase de *spinning* para cuidar de tu cuerpo, visitar a un anciano en un geriátrico, conducir en el carril de marcha lenta o leer filosofía o escribir una prueba de física. Cualquiera de esas actividades puede ofrendarse a Dios con la esperanza de que llene esos espacios con su presencia transformadora.

Robert Mullholand define las disciplinas espirituales como "actos de amorosa obediencia por los cuales ofrecemos nuestro quebranto y esclavitud, para que nos sane y libere".[35]

Las prácticas no son todo, pero son realmente importantes.[36] Son los no-negociables para aquellos que desean volverse como Jesús. No nos llevarán por todo el camino de nuestra formación, pero son un lugar por donde comenzar. Y, al igual que driblear en baloncesto, nunca maduramos de tal manera que no necesitemos practicarlas más.

Eso es lo que significa "seguir" a Jesús: adoptar su Camino de Vida.

Y la buena noticia es que la transformación es posible, si estamos dispuestos a organizar (o reorganizar) nuestra vida alrededor de estas prácticas, ritmos y verdades que Jesús mismo puso en acción.

En su encarnación Él estableció el patrón de lo que significa ser humano. Jesús mismo fue un alma encarnada, con la plasticidad de un sistema nervioso central. Sus prácticas probadas a lo largo del tiempo nos muestran el Camino, nos alinean con Dios y le permiten al Espíritu Santo sanarnos y salvarnos. Nuestro trabajo es ofrecérselas de nuevo a Dios con el único motivo puro que existe: su gozoso amor.

Al hacerlo, la respuesta automática del pecado en nuestro cuerpo, lenta pero seguramente, se irá habituando y disipando, y comenzaremos a vivir "naturalmente" las enseñanzas de Jesús en nuestra vida diaria, y Dios se hará cada vez más real mientras somos atraídos hacia la vida interior de amor de la Trinidad.

¿Hay alguna otra forma mejor de vivir?

Las nueve

No existe una lista oficial de las prácticas de Jesús, porque cualquier hábito que veas en su vida cuenta: caminar en la naturaleza, escalar una montaña, lavar los pies… ninguna de esas aparece en una lista clásica de las disciplinas espirituales, pero aun así cada una podría ser utilizada por un aprendiz de Jesús para su formación. En *Practica el Camino*, te recomendamos diseñar una regla de vida que incorpore las nueve prácticas fundamentales.

Una breve descripción de cada una...

#1. SABBAT

El viaje espiritual comienza con descanso. Ves esto en la primera página de la Biblia, donde el día comienza al atardecer, con sueño, y la semana comienza con el Sabbat, con descanso.

Cuando le brindo dirección espiritual a las personas, a menudo comienzo "prescribiéndoles" dormir, hacer margen, tener un tiempo sin trabajar, descansando. Porque los individuos crónicamente agotados, que no duermen bien, que están sobreocupados, no son personas cariñosas, pacíficas y alegres.

El descanso es *esencial* para los aprendices de Jesús.

El cansancio es una característica inevitable de este lado de la eternidad, pero muchos de nosotros operamos a un nivel peligroso de cansancio, tanto que no podemos percibir la presencia de Dios o escuchar su voz. El Sabbat (*shabbat* en hebreo) es un día entero de nuestra semana —una séptima parte de la vida— que apartamos no solo para parar y descansar, sino para deleitarnos en alabar al Señor, que nos creó para estar con Él. Es un día para cultivar el gozo en un mundo lleno de tristeza. Como dijo Nan Fink en su autobiografía, *Strangers in the Midst* [Forasteros en el centro]:

El Sabbat no se compara con ninguna otra cosa. El tiempo tal como lo conocemos no existe por esas veinticuatro horas, y las preocupaciones de la semana pronto se desvanecen. Un sentimiento de gozo surge. El menor objeto, una cuchara o una hoja, resplandece en un suave haz de luz y el corazón se abre. El Sabbat es una meditación de increíble belleza.[37]

En tiempos horribles, debemos mantener nuestros corazones vivos a la belleza de Dios y la vida con Él en este mundo.

#2. SOLITUD

La mayoría de los grandes maestros del Camino concuerdan en que el silencio, la solitud y la quietud —lo que los escritores de los evangelios llaman el *eremos*, o el "lugar silencioso"— es *la más fundamental* de todas las prácticas de Jesús. Nuevamente, Nouwen expresa: "Sin solitud es prácticamente imposible vivir una vida espiritual". James Connor escribe que el silencio es "la puerta a la comunión con Dios".[39]. Tal vez no sea la única puerta, pero todos los maestros del Camino coinciden en que eso que los evangelistas llaman *erémos*, el lugar de calma es una llave indispensable. Una vez que has descansado, la quietud es adónde vamos para encontrarnos con Dios. Porque es allí, en el silencio, donde el rugido interior de nuestro mundo bullicioso —la distracción, el caos y todas las mentiras— se disipan y lo que brilla en su lugar es la paz y la presencia de Dios.

Hace unos siglos atrás, San Isaac de Siria dijo: "El discurso es el órgano del mundo actual. El silencio es el misterio del mundo por venir".[40] En silencio entramos en el misterio del mundo por venir, y en Dios mismo.

Encuentra la quietud para encontrar a Dios.

#3. ORACIÓN

Jesús no iba al "lugar solitario" porque era introvertido y necesitaba un tiempo a solas; iba allí "para orar".[41] Mucha gente oye la palabra "oración" y piensa en un *tipo* particular de oración: pedirle cosas a Dios, lo es perfectamente legítimo. Pero yo me refiero al amplio espectro de la palabra, como *el medio por el cual nos comunicamos y tenemos comunión con Dios*.

Hay cuatro niveles (o, se podría decir, dimensiones) básicos de oración:[42]

1. **Hablarle a Dios:** orar oraciones preelaboradas como los salmos, liturgia o cantar oraciones en la iglesia, etc.
2. **Hablar con Dios:** Conversar con Dios sobre tu vida. Poner tu vida delante de Dios, con gratitud (hablarle a Dios de lo que es *bueno* en tu vida y en el mundo), lamento (hablarle a Dios sobre lo que es *malo* en tu vida y en el mundo) y petición e intercesión (pedirle a Dios que cumpla sus promesas para *vencer el mal con el bien*).
3. **Escuchar a Dios:** oír la voz de Dios a través de una escucha silenciosa, la *lectio divina*, lo profético y otras cosas.
4. **Estar con Dios:** Solo mirar a Dios, que te mire a ti, en amor (también se llama "oración contemplativa").

Los cuatro tipos de oración son esenciales para cultivar una relación viva con Dios, pero muchas personas nunca van más allá de la segunda, y mucho menos descubren el gozo y la posibilidad de la cuarta.

Por supuesto, la oración no es una fórmula lineal de cuatro pasos; más bien es como un ruta larga y serpenteante, para viajar a través del tiempo. La clave es seguir siempre en el camino. Como Ronald Rolheiser enseña:

> No hay una forma incorrecta de orar y no hay un punto de partida por donde comenzar. Los grandes maestros espirituales presentan solo una regla no negociable: tienes que presentarte a la oración, y tienes que hacerlo con regularidad.[43]

#4. Ayuno

Ayunar es una parte esencial y poderosa de todas las prácticas de Jesús y, puede decirse que la más olvidada en la iglesia moderna occidental.

Al ayunar estás literalmente orando con tu cuerpo, ofreciéndole a Dios en adoración *todo* lo que eres. Al rendir tu cuerpo a Dios estás quebrando el poder de la "carne" para controlarte y abriéndote al poder del Espíritu en su lugar; estás aprendiendo a tener alegría, *incluso cuando no obtienes lo que deseas*; estás practicando el sufrimiento y, a través de él, aumentando tu capacidad de gozarte en todas las circunstancias; y estás amplificando tus oraciones, incrementando la capacidad tanto de oír como de ser oído por Dios.

Ayunar es *difícil*, especialmente al principio. Sin embargo, se va haciendo más fácil con la práctica. Pero los sentimientos de mal humor a causa del hambre que nos sobrevienen cuando nos salteamos comidas, a menudo ponen de manifiesto las áreas de nuestra alma que más necesitan la gracia, y otra vez, nos abren a Dios de maneras sorprendentes. Comenzamos a alimentarnos de lo que Jesús llamó "un alimento que ustedes no conocen".[44]

Verdaderamente el ayuno es una disciplina perdida, pero ya le ha llegado el tiempo.

#5. LA ESCRITURA

La Biblia es la forma primaria en la que somos "transformados mediante la renovación de su [nuestra] mente".[45] Cuando pensamos los pensamientos de Dios, comenzamos a desarrollar "la mente del Señor".[46]

Empezamos a ver el mundo como Él lo ve.

Pensamos lo que Él piensa.

Sentimos lo que Él siente.

Al controlar el flujo de nuestra consciencia para reflejar intencionalmente la de Cristo, vivimos en creciente gozo, paz y amor *de* Cristo.

Hay muchas maneras de leer la Biblia: lentamente y en oración (*lectio divina*), en voz alta en grupos en nuestra congregación (así es como la mayor parte de las Escrituras fueron diseñadas para experimentarse), en estudio profundo en una clase, aprendiendo de la enseñanza o la predicación en la iglesia, memorizándola, y otras.[47] Todas estas forman trabajan juntas para llenar, formar y liberar nuestra mente.

#6. Comunidad

John Ortberg ha observado, "Generalmente pecamos solos, pero sanamos juntos".[48] O como dicen en Alcohólicos Anónimos: "*Yo* me emborracho; *nosotros* nos mantenemos sobrios".

La iglesia es donde somos revinculados a la familia de Dios. Puede que esto nos asuste un poco, porque a menudo no marcha bien (los ejemplos abundan). Nuestras heridas más profundas provienen de las relaciones, pero también de ahí viene nuestra mayor sanidad.

Simplemente no fuimos creados para seguir a Jesús solos. El individualismo radical de la cultura occidental no solo es una crisis en la salud mental y una catástrofe social en aumento, sino que es un golpe mortal a toda clase de formación seria hacia un amor como el de Cristo. Es *en* las relaciones donde somos formados y forjados.

Desde reunirnos los domingos, hasta sentarnos a una mesa a comer, hasta la práctica de la confesión, a la dirección espiritual, la terapia o la guía, la comunidad es la manera en la que transitamos el Camino juntos. ¿Tienes tus compañeros de viaje?

#7. Generosidad

A medida que nos desaceleramos y organizamos nuestras vidas en torno a su centro en Jesús, esta nueva simplicidad de vida, a su tiempo, dará paso a la generosidad, que es dar nuestros recursos extra a Dios y a los que están en necesidad. Una vez que vivimos por *debajo* de nuestros ingresos, en vez de vivir crónicamente gastando más de lo que entra, esto dará lugar a un montón de nuevas posibilidades.

Esta posiblemente sea *la más gozosa* de todas las prácticas. En el centro de la comunidad trinitaria a la que llamamos Dios, hay un desborde de amor generoso, abnegado, perdonador. En el evangelio mismo dice que "tanto amó Dios al mundo que *dio* a su Hijo único", y el Hijo a su tiempo nos *dio* el Espíritu.[49] Cuando damos —nuestro dinero, nuestros recursos, nuestros "privilegios", nuestro tiempo y amor— llegamos a participar de ese derramamiento de amor. Y "cuando actúas como Dios, empiezas a sentir como Dios".[50]

No es de sorprender que los sociólogos estén justo ahora descubriendo la verdad que dijo Jesús hace dos mil años atrás: "Hay más dicha en dar que en recibir".[51]

¿Qué tienes para dar?

Lo digo de otro modo: ¿con cuánta intensidad deseas la dicha?

#8. SERVICIO

Jesús explicó su vida de esta manera: "El Hijo del hombre no vino para ser servido, sino para servir y dar su vida en rescate por muchos…"[52]

Mi configuración predeterminada es lo opuesto; quiero ser servido, no servir…

Piensa en la epidemia de injusticia que arrasa en la sociedad moderna: el racismo, la intolerancia y la polarización política, o la creciente brecha de desigualdad entre ricos y pobres, entre quienes tienen y quienes no tienen. Los sociólogos nos dicen que nuestra sociedad está más dividida que en cualquier momento desde la Guerra Civil.

¿Cómo podemos sanar estas heridas?

Sirviendo.

Si bien esto podría significar hacer amistad con los más desfavorecidos en tu ciudad o hacerse voluntario en una organización sin fines de lucro local, también podría significar ser padre o madre de un niño de dos años o cuidar a tus padres ancianos.

Cada día está lleno de oportunidades para seguir el ejemplo de Jesús y entregar tu vida en servicio.

Y aquí está una verdad clave: no solo tiene el servicio el potencial de reparar nuestro mundo fracturado; tiene el poder de sanarnos a nosotros mismos. Esto es una de las cosas más sorprendentes de esta disciplina. Piensas que estás ahí para ayudar a los demás, pero te das cuenta rápidamente de que eres tú quien está siendo ayudado. Te liberas de tu ego, de tus privilegios, de tu obsesión contigo mismo. Cuando sirves siguiendo el Camino de Jesús, las líneas se difuminan entre el servidor y el servido, el dador y el receptor. Ambos dan y ambos reciben. Se restaura la dignidad en uno; se gana la libertad en el otro.

En una de las últimas historias de la vida de Jesús, él se viste como un siervo e insiste en lavar los pies de sus aprendices. Jesús asume *intencionalmente* una posición social más baja, el maestro intercambia su lugar con el siervo. Luego Jesús dice lo siguiente: "Les he puesto ejemplo, para que hagan lo mismo que yo he hecho con ustedes (...) Dichosos serán si lo ponen en práctica".[53]

¿Quieres ser dichoso?

#9. TESTIMONIO

Las últimas palabras de Jesús a sus aprendices fueron: "Vayan por todo el mundo y anuncien las buenas noticias a toda criartura".[54]

De nuevo, nuestro papel no es "convertir" a nadie, pero sí es predicar, es decir, contar a otros la buena noticia de Jesús, a través de la práctica del testimonio. Para hacerlo, debemos convertirnos en un pueblo de hospitalidad en medio de una cultura de hostilidad. Debemos personificar y brindar amor, aceptación, calidez y generosidad de la vida interior de Dios.[55] Debemos abrir nuestros hogares, nuestras mesas, y nuestras vidas a "los últimos, los menos y los perdidos".[56]

Puede que yo no sea capaz de resolver las injusticias sistémicas de nuestro tiempo, pero puedo cocinar las mejores pizzas que hayas probado en mi horno a leña e invitarte a mi mesa.

¿Quién sabe lo que puede surgir de eso?

Una regla de vida para el mundo moderno —para una espiritualidad cristiana en la era de los teléfonos inteligentes, el wifi y la polarización política en aumento— es el santo grial de nuestro tiempo. Juntas, estas nueve prácticas centrales del Camino de Jesús forman un enrejado probado en el tiempo, que conduce a una sanidad profunda y una transformación de vida. Y eso *puede lograrse* en nuestro tiempo.

¿Tienes un enrejado?

Si no lo tienes, ¿estás listo para construir uno?

Algunos consejos

Bueno, te daré algunos consejos para elaborar tu regla de vida. Este todavía es un concepto nuevo para muchos de nosotros, por lo que puede ser útil un poco de orientación.

#1. COMIENZA EN DONDE ESTÁS, NO EN DONDE "DEBERÍAS" ESTAR

En nuestro celo, es difícil no reaccionar exageradamente e intentar vivir como un monje desde el día uno. Esta es una estrategia condenada al fracaso. Margaret Guenther lo llama "la primera semana del síndrome de Cuaresma".[57] Las metas poco realistas nos dejan desanimados y desilusionados.

Para la mayoría de las personas, la parte más complicada de diseñar una regla de vida es simplemente comenzar. Porque para crear una Regla, tienes que ser *muy* franco contigo mismo respecto de dónde te encuentras en tu discipulado y lo que eres capaz de hacer en esa etapa de tu vida. Debes nombrar tus limitaciones, emocional, relacional e incluso espiritualmente, y de ahí en adelante determinar lo que sinceramente puedes hacer, y ya *con eso basta*.

Paso uno: debemos encontrar a Dios en los márgenes de nuestra vida real; no la vida que desearíamos tener, o la que solíamos tener o la que planeamos tener, sino en la que *verdaderamente* tenemos, aquí y ahora. Porque "Dios todavía no ha bendecido a nadie que no esté en el lugar donde realmente está".[58]

Si recién estás comenzando, comienza en pequeño, con alegría, poniendo metas que puedas alcanzar con facilidad. Lo que el científico del comportamiento BJ Fogg, de la Universidad de Stanford, llama "hábitos diminutos".[59] Es verdad, una hora al día orando sería lo ideal, pero no comienzas allí, especialmente si tienes hijos o un trabajo demandante. Empieza con diez o quince minutos; ora un salmo, da un breve paseo, respira.

Si eso te parece demasiado, empieza con *cinco* minutos.

¿Todavía es mucho? Prueba con *uno*.

Y haz lo que muchos cristianos "serios" considerarían un anatema: diviértete. Pregúntate: ¿cómo disfruto de Dios? ¿Acaso tomando un té junto a la ventana temprano en la mañana? ¿Juntándome con otros seguidores de Jesús para hacer una fiesta? ¿Caminando por el bosque?

Comienza *allí*...

#2. Menos es más

Déjame decirlo de nuevo: seguir a Jesús no se trata de hacer *más*, sino *menos*.

Es tentador hacer de tu regla de vida una lista de cosas para *hacer*, y no está del todo mal. Pero para la mayoría de nosotros es tan importante, si no más, el enfocarnos en lo que *no* vamos a hacer para dejar margen en la estructura de nuestras vidas.

Algunos maestros separan las disciplinas de "participación" (disciplinas de *hacer*, como por ejemplo la justicia social, adoración, estudio, etc.) de las de "abstinencia" (disciplinas de *no-hacer* como por ejemplo el Sabbat, silencio, ayuno, etc.). En ciertos contextos culturales la necesidad es de participación, para romper la tendencia al letargo y la pereza. Pero si tú, al igual que yo,

vives en una ciudad, tienes una familia joven y un trabajo demandante, estás constantemente distraído y combatiendo contra la
prisa, entonces las prácticas de *abstinencia* serán la necesidad del
momento.

Quita más de lo que *pones* en tu lista.

Menos es más.

#3. DALE UN ENFOQUE EQUILIBRADO

Puedes planear las prácticas de Jesús con base en cuatro ejes:
disciplinas que haces solo o en comunidad y, como dije antes,
disciplinas de participación y de abstinencia.

La mayoría de las personas escuchan "disciplinas espirituales" y
automáticamente piensan en el cuadrante soledad/abstinencia,
pero la dimensión de comunidad/compromiso también es muy
importante. Basado en tu personalidad, probablemente gravites

hacia uno de los cuadrantes, y está bien. Solo asegúrate de que haya equilibrio en tu Regla.

#4. TEN EN CUENTA TU PERSONALIDAD Y TEMPERAMENTO ESPIRITUAL

Trabaja a favor de tu personalidad, no contra ella. Si eres más introvertido e intelectual, separa bastante tiempo para estar solo, leer y pensar. Si eres más extrovertido y orientado a la acción, ve y hazlo con otras personas.

Es cierto, necesitamos un enfoque balanceado, pero algunos necesitamos mucho más algunas prácticas que otras. Una pequeña medida de comunidad va bien conmigo, pero necesito mucho tiempo para estar en silencio. Para otros es lo contrario.

Por favor escúchame: hay mucho espacio para ser tal como eres en presencia de Dios.

Gary Thomas, escritor de temas espirituales, desarrolló el concepto de "temperamento espiritual" en su libro *Sacred Pathways* [Caminos sagrados], que es esencialmente una teoría de la personalidad aplicada a la oración. Dice así: "Hay gran libertad en la forma en que podemos encontrarnos con Dios y disfrutar de Él. Esto es diseño suyo y está de acuerdo con su buena voluntad". Pero advierte: "Ten cuidado de no limitar tu acercamiento a Dios".[60]

Él clasifica nueve temperamentos espirituales, cada uno con su forma singular de llegar a Dios:

1. **Naturalistas:** aman a Dios en la naturaleza y sitios abiertos.

2. **Sensoriales:** aman a Dios con los sentidos (velas, incienso, materiales, etc.).

3. **Tradicionalistas:** aman a Dios a través de los rituales, simbolismos y liturgia.

4. **Ascéticos:** aman a Dios en la solitud y la negación del yo.

5. **Activistas:** aman a Dios luchando contra la injusticia.

6. **Cuidadores:** aman a Dios cuidando de los que están en necesidad.

7. **Entusiastas:** aman a Dios con música, danzas y celebración.

8. **Contemplativos:** aman a Dios mediante la adoración en silencio.

9. **Intelectuales:** aman a Dios con la mente.[61]

Ninguno de estos es mejor que otro. Lamentablemente, los humanos tendemos a moralizar nuestras preferencias, lo cual puede causar mucho daño a los que son diferentes a nosotros. Tú puedes haber crecido o haber sido salvo en una tradición eclesiástica con uno o dos ejes dominantes *distintos* a tu acercamiento preferido hacia Dios. Para crecer tendrás que expandir el horizonte de tus posibilidades y probar nuevos medios de conexión con Dios.

#5. TEN EN CUENTA LA ETAPA DE LA VIDA Y DEL DISCIPULADO EN QUE TE ENCUENTRAS

La vida consiste en estaciones, y así como nuestras actividades, presupuesto y relaciones varían en distintas etapas de nuestro camino, también debería cambiar nuestra regla de vida. Si tienes niños pequeños en el hogar, comienza por lo pequeño, sé bueno contigo y recuerda que los niños pueden ser como campanas en un monasterio que te recuerden que tu tiempo no es tuyo solo.[62] Cada interrupción causada por un niño en tu "Regla" puede funcionar como una invitación a rendir el control y convertirte en una persona de un amor abnegado.

Como dice Tish Harrison Warren, columnista del *New York Times* y madre de tres hijos: "El anhelo por el ideal contemplativo puede ser una carga particular para mí como mujer joven en un hogar que es típicamente ruidoso, activo, insomne y repleto de interminables pedidos y necesidades".[63]

No luches contra tu etapa en la vida; trabaja *con* ella.

También soy un firme creyente en la psicología de la teoría de las etapas. Maduramos a lo largo de varias fases de la vida en nuestro desarrollo psicosocial, así como en nuestro crecimiento físico. Cada una de esas fases es necesaria y saludable. Finalmente, cuando madures, inevitablemente enfrentarás lo que los antiguos llamaban "la noche oscura del alma", una temporada en donde las prácticas no "funcionan" como se supone que deberían. Aun así, debes seguir practicándolas, aunque no sientas la misma conexión con Dios. Eso también es parte del viaje.[64]

La clave es saber en qué etapa de la vida y del desarrollo te encuentras, y adaptar tus prácticas de acuerdo con ellas.

#6. Mantén una combinación sana de prácticas ascendentes y descendentes

Los mejores maestros del Camino que conozco utilizan las prácticas casi como un doctor implementaría un medicamento o una terapia.

Como regla general, si estás luchando con un pecado de *omisión* (una conducta o algo que *haces* y deseas dejar de hacer), necesitarás prácticas de abstinencia. Entonces, para poder vencer una adicción a la pornografía, el chismerío o el consumismo compulsivo, enfatiza el ayuno, el silencio o la austeridad (respectivamente). Para derrotar un pecado de *omisión* (un comportamiento o algo que no haces y que quieres *comenzar* a hacer), necesitas prácticas de participación. Así, para atenuar la apatía, por ejemplo, comienza a servir a los pobres.

Hace unos días alguien me preguntó: "¿Cómo combato el orgullo?". Pensé por un minuto y luego le recomendé que practicara la comunidad, el servicio y la solitud; esas son las tres mejores disciplinas que conozco para asociarse con Dios en cultivar un espíritu de humildad.

Por disciplinas "aguas abajo" me refiero a las prácticas que naturalmente te encantan y te traen alegría. Por "aguas arriba", hablo de las que te resultan más difíciles, pero que empujan tu alma hacia el crecimiento. Como regla general necesitamos pocas disciplinas de "aguas arriba" y *muchas* de "aguas abajo". La clave es que necesitamos *ambas* cosas.

Por supuesto, todos detestamos esto, pero las prácticas que nos resultan más inconvenientes serán las más transformadoras.

Es como el mantra: *sigue el dolor*. Pero al mismo tiempo (y debemos abrazarlos a ambos): *sigue el gozo*.

#7. Continúa la curva J

Los teoristas del aprendizaje señalan que aprender cualquier habilidad nueva sigue un patrón en forma de J. A menudo, cuando intentamos crecer en una nueva destreza (desde tocar el piano a practicar el Sabbat), empeoras antes de mejorar.

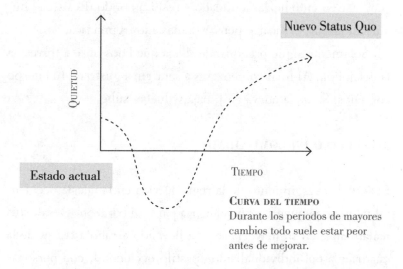

Nuevo Status Quo

Quietud

Estado actual

Tiempo

Curva del tiempo
Durante los periodos de mayores cambios todo suele estar peor antes de mejorar.

Nunca olvidaré cuando estaba aprendiendo a tocar la guitarra. Llevaba un año o un poco más practicando, cuando me di cuenta de que la técnica correcta de punteo era arriba-abajo, arriba-abajo, pero yo estaba tocando abajo-abajo, abajo-abajo. Tuve que *reaprender* todos los punteos sofisticados que había estado haciendo y, al principio, sonaba peor que antes, pero con el tiempo y mucha práctica, comenzó a sonar mejor.

Del mismo modo, tú puedes disfrutar tu día libre, pero cuando comienzas a practicar el Sabbat te encuentras inquieto, ansioso o aburrido. O quizás te encante un poco de silencio en la mañana mientras bebes tu taza de café, pero cuando intentas ir en busca del silencio, la solitud y la calma, te sobrevienen toda clase de emociones.

Seguramente vendrán a tu mente un montón de preguntas, como: ¿Estoy haciendo un buen trabajo o no? ¿Me gusta esto o no? Ese tipo de preguntas no ayudan demasiado. Cuando surgen, suavemente hazlas a un lado y respira hondo. Resiste el impulso a juzgar, criticar o pensar demasiado tu práctica.

Solamente sigue practicando. Deja que Dios obre a través de la disciplina. Al final comenzarás a sentirte a gusto en tu cuerpo con Dios. Sigue la curva en J; baja, y luego, sube.

#8. Hazlo en comunidad

El actual resurgimiento de la regla de vida en la iglesia occidental, aunque pequeño, es una alegría para mi corazón. Desafortunadamente, en su mayoría se está llevando a cabo a través de la cuadrícula del individualismo al estilo occidental, con personas individuales escribiendo sus Reglas de Vida.

Para que conste, esto *no es* algo malo. Como hemos dicho, ya tienes una Regla; esto simplemente está aportando más intencionalidad a tu vida. Estoy completamente a favor de ello. ¡Adelante!

Pero debes saber esto: históricamente, una regla de vida era para una comunidad. Fue diseñada por los primeros adeptos, como San Agustín y San Benito, para mantener unida a una comunidad en torno a ritmos compartidos de formación espiritual. Para centrar a una comunidad en Jesús. Y, como la mayoría de las cosas en la vida, simplemente funciona mejor en comunidad. Nos necesitamos el uno al otro para mantenernos en el camino y, cuando caigamos, para ayudarnos a levantarnos.

Entonces, escribe una regla de vida, incluso si es solo para ti mismo. Pero si es posible, hazlo en comunidad, con algunos amigos, con tu grupo pequeño o comunidad, o, en un mundo ideal, con toda tu iglesia.[65]

¿Será más difícil? Sí. ¿Tomará más tiempo? Estoy seguro de que sí. Pero sin duda valdrá la pena.

En la Iglesia Bridgetown, pasamos los últimos siete años desarrollando nuestra regla de vida. Cuando comenzamos, la mayoría de las personas ni siquiera había escuchado la frase, y teníamos mucho terreno por recorrer. Pero antes de hablar con nuestra iglesia sobre una regla de vida, yo y otros doce pastores de diversas iglesias ya habíamos comenzado a vivir según una Regla juntos, avanzando de manera intuitiva. Sabíamos que teníamos que vivirla durante un tiempo.

Nuestra Regla tiene suficiente espacio y flexibilidad para que cada persona la adapte a sí misma; de hecho, esto es clave para el éxito. Pero hay algo en saber que no estás solo en el Camino. Hay algo en la alegría de guardar el sábado en comunidad y comenzar el séptimo día con un festín compartido que simplemente es imposible de experimentar por uno mismo. Hay algo en ayunar los viernes y saber que lo estamos haciendo *juntos*...

Hacia el final del libro encontrarás nuestra Regla de Vida y más recursos si estás interesado en adoptar nuestra plantilla o desarrollar la tuya propia. Estamos aquí para ayudar. Si no hay otra opción, deja que se encienda tu imaginación.

Mi punto es sencillo: haz esto, sí, pero si puedes, hazlo con otros, porque seguir a Jesús significa nunca estar solo...

Finalmente...

#9. NO HAY FORMACIÓN SIN REPETICIÓN

El cambio tiene que ver con la consistencia en el tiempo. La formación es una tarea lenta, acumulativa y, a veces, hasta monótona. En el momento, a menudo no sientes que las prácticas "estén haciendo" mucho. Pero están, solo que de manera lenta y sutil.

El filósofo James K. A. Smith lo expresa mejor: "Los microrrituales tienen macroimportancia".[66] Se acumulan con el tiempo, como el interés compuesto.

Las prácticas son el equivalente espiritual de Mr. Miyagi y el *Karate Kid*. En el momento solo sientes que estás encerando el auto de Mr. Miyagi o clavando clavos en el gazebo, pero en realidad te estás convirtiendo en un maestro de karate.

Del mismo modo, ahora sientes que solo estás leyendo la Biblia antes de ir a trabajar, o que estás asistiendo a la iglesia un domingo, o que estás comiendo junto a tu congregación un jueves por la noche, pero todo ese tiempo te estás volviendo más como Jesús, el maestro de todos.

Este es un trago amargo para nuestra cultura de la gratificación instantánea. Estamos acostumbrados a obtener resultados inmediatos y, si no es así, enseguida nos mandamos a mudar. Si trasladamos esta mentalidad (o debería decir, *cuando* trasladamos esta mentalidad) a nuestra formación, podemos perder el potencial de cambio porque colgamos los guantes demasiado rápido.

Hay un gran gozo que se encuentra en la repetición, *si* podemos aprender a ser pacientes y a deleitarnos de lleno en el presente. Tal vez nadie lo expresó mejor que G. K. Chesterton:

> Los niños, por la abundante vitalidad que poseen, porque en espíritu son violentos y libres, quieren que las cosas se repitan y no cambien. Siempre dicen: "Hazlo otra vez", y las personas mayores no tienen la fortaleza suficiente para gozarse en la monotonía. Pero tal vez Dios sea lo suficientemente fuerte para gozarse en ella. Es posible que le diga cada mañana al sol: "Hazlo otra vez", y cada noche a la luna: "Hazlo otra vez". Quizás el hecho de que todas las margaritas se parezcan no sea necesariamente automático; a lo mejor Dios hace por separado cada una de ellas, pero nunca se ha cansado de hacerlas. Tal vez sea que Él tiene un apetito eterno de infancia, porque nosotros hemos envejecido, y nuestro Padre es más joven que nosotros.[67]

Entonces, cuando comiences tu día mañana por la mañana, sentado en la calma: *hazlo otra vez, hazlo otra vez…*

Encuentra tu monje interior

Por último, lo cierto es que seguir a Jesús no funciona como un pasatiempo. No es un extra opcional al destino principal de tu vida: tu carrera, tu universidad, tu familia, tu deporte o lo que sea "eso" para ti. Simplemente no podemos añadir a Jesús a nuestra ya ocupada, consumista, emocionalmente insana, individualista, digitalmente distraída, saturada de medios, indisciplinada, "vida" moderna.

No es que sea malo, pero es que *no funcionará*. Y punto.

Debemos llegar a darnos cuenta de que seguir a Jesús es el punto principal de la vida. Para tomar prestado un término del mundo del activismo, se trata de "centrar" a Jesús, de hacerlo a él la voz dominante de nuestro ser.

Eso no significa que tienes que dejar tu trabajo y convertirte en un monje, sino que significa que necesitas encontrar tu "monje interior". El pastor japonés-canadiense Ken Shigematsu en su libro *God in My Everything* [Dios en mi todo] escribe: "Cada uno de nosotros tiene el 'embrión' de un monje o una monja dentro de sí".[68] El erudito Greg Peters lo llama "la hermandad monástica de todos los creyentes".[69] Otro erudito lo denomina "el impulso monástico".[70]

Hay un "impulso monástico" del Espíritu en *todos* nosotros, una parte de nuestro corazón que ansía la oración silenciosa, la solitud y la contemplación, *y* que genuinamente desea —entremezclado con un tinte de sano temor— relaciones profundas, vulnerables, de corazón a corazón, con otros seguidores del Camino.

Nuestro monje interior.

Si no llegamos a desear tener alguna clase de monje (o monja) interior —tiempos prolongados y sin interrupciones en suave oración, días de ayuno, disciplinas de abstinencia de la rampante y desenfrenada búsqueda del placer, hedonismo y materialismo propios de nuestra cultura— simplemente no llegaremos muy lejos en nuestro sendero espiritual.

Esto, por supuesto, llevará mucho tiempo.

Seguir a Jesús no es conveniente, rápido o sencillo. Y no hay forma de seguir a Jesús sin que Él "interfiera" en tu vida, como tampoco hay forma de ser aprendiz de un maestro de *cualquier* oficio y que este no perturbe tu forma de vivir. *Esta es la gran lección* acerca de aprender de un maestro: tú deseas en realidad que él interrumpa la forma en que vives.

Y entonces, ¿te imaginas en lo que podemos llegar a convertirnos si dedicamos nuestra vida entera a seguir a Jesús? ¿La clase de vida que podríamos disfrutar? ¿La congregación que podríamos construir juntos?

Puedes hacerlo y puedes lograrlo justo donde te encuentras. En tu ciudad, con tu trabajo, en la etapa de la vida en la que estás. Hoy puedes hallar tu monje interior.

Un ascético cristiano primitivo les dio este consejo a personas "comunes" como tú y yo, gente que no vivía en una zona libre de distracciones como un monasterio:

Encuentra en la agitada ciudad el desierto de los monjes.[71]

Creo que la invitación de Jesús en nuestro tiempo es a vivir como los padres y madres del desierto en el medio de la ciudad. Vivir con profundidad y serenidad, concentrarse *justo en medio* del ruido, el tráfico y la prisa del mundo moderno. Es decir, tener una vida contemplativa.

¿Nos costará? Sí, tendremos que morir miles de muertes, pero habrá valido la pena *absolutamente*. Con Jesús siempre recibimos mucho más de lo que entregamos.

Para concluir, comparto contigo esto del prólogo de *La Regla de San Benito*, la Regla que lo inició todo, y que data del siglo VI:

> Vamos a instituir, pues, una escuela del servicio divino. Y, al organizarla, no esperamos disponer nada que pueda ser duro, nada que pueda ser oneroso. Pero si, no obstante, cuando lo exija la recta razón, se encuentra algo un poco más severo con el fin de corregir los vicios o mantener la caridad, no abandones en seguida, sobrecogido de temor, el camino de la salvación, que forzosamente ha de iniciarse con un comienzo estrecho. Mas, al progresar en la vida monástica y en la fe, ensanchado el corazón por la dulzura de un amor inefable, vuela el alma por el camino de los mandamientos de Dios.[72]

¿Cuál es ese pequeño paso que puedes dar *esta semana* para practicar el Camino de Jesús? O bien, ¿hay algo en tu corazón que sientas el impulso de entregar, de dejar atrás? ¿Qué sucedería si dijeras *sí* al impulso del Espíritu de Dios dentro tuyo? No temas, y no huyas. El camino delante de ti es extenso y sinuoso, pero está repleto de "la dulzura de un amor inefable".

Toma tu cruz

¿Quieres seguir a Jesús?

No todo el mundo quiere.

Lee los evangelios: decenas de miles de personas se sentían atraídas por Jesús, pero solo unos pocos cientos, como mucho, se convirtieron en sus aprendices. Como dice Mark Scandrette: "Practicar el Camino de Jesús siempre ha sido una actividad de las minorías".[1]

La invitación de Jesús —como he repetido hasta el cansancio— no era convertirse a una nueva religión llamada cristianismo, sino convertirse en aprendices bajo su dirección para experimentar la vida en el reino de Dios.

Esta es *la* oportunidad de la vida, pero en las historias de los evangelios, la mayoría de las personas le dijeron *no* a esta invitación. Muchos se sentían genuinamente atraídos por Jesús (¿quién no lo estaría?), pero no estaban dispuestos a asumir el compromiso de una vida como aprendices. Ponían excusas como "primero déjame ir a enterrar a mi padre", que era una forma del siglo I de decir: "Espera a que mis padres mueran para que yo pueda recibir la herencia familiar y ser independientemente rico, *entonces* te seguiré". O bien, "Te seguiré, Señor, pero primero déjame regresar y despedirme de mi familia". Es decir, dame un poquito más de tiempo antes de comprometerme del todo.[2]

Esa es la razón por la que muchos de nosotros postergamos, retrasamos, ponemos excusas. Como si fuera comenzar una dieta o ponerse en forma u organizar el ropero, procrastinamos. "Lo haré, pero *más tarde*". Y el más tarde casi nunca llega.

¿Qué les respondió Jesús? "Deja que los muertos entierren a sus muertos" (Mateo 8:22), lo cual suena cruel a nuestros oídos modernos, pero no lo era. Simplemente era directo. Jesús estaba diciendo: "Puedes hacerlo, pero si eliges ese camino, te llevará a la muerte, no a la vida".

Como ves, Jesús no le rogó ni lo manipuló, y mucho menos lo amenazó. La coerción no es un fruto del Espíritu. Él no lo intimidó ni lo intentó convencer; simplemente lo invitó. Y cuando la gente retrocedía o ponía excusas, Él los dejaba partir.

¿Puedes imaginarte decirle *no* a la invitación de Jesús?

Yo puedo.

Si vives lo suficiente, inevitablemente rechazarás una invitación que luego lamentarás. Yo lo hice. Afortunadamente, solo recuerdo unas pocas oportunidades en mi vida hasta el presente en que, en retrospectiva, he fallado regiamente. Pero, hoy en día, cuando me vienen a la mente, lamento mi decisión.

Tienes una *invitación* delante de ti, del mismísimo Jesús. Una invitación para volverte su aprendiz.

¿Qué responderás?[3]

Entrega

Hay muchas razones para rechazar la invitación de Jesús, pero hasta donde puedo ver hay un denominador común en cada historia: la barrera muy alta para entrar. Seguir a Jesús requerirá dejar algo. Seguir a Jesús *siempre* exigirá dejar algo. Para Pedro fue su negocio de pesca.

¿Para ti qué es?

¿Recuerdas las palabras de Jesús?

Si alguien quiere ser mi discípulo, que se niegue a sí mismo, lleve su cruz cada día y me siga.[4]

Para Jesús, el paso número *uno* del peregrinaje espiritual es tomar tu cruz, el símbolo definitivo de la *muerte* al yo. Como dijo Bonhoeffer: "Cuando Cristo llama a un hombre, le hace la oferta de venir a morir".[5] Bonhoeffer, que luego fue martirizado por causa de su fe por el Tercer Reich, lo llamó "el costo del discipulado".

Para los primeros discípulos, la cruz era literal. Muchos de ellos fueron asesinados, no a pesar de ser discípulos, sino precisamente por esa razón. Como advirtió Jesús: "Ningún siervo es más que su amo. Si a mí me han perseguido, también a ustedes los perseguirán".[6]

La historia nos relata que los doce apóstoles y la mayoría de los líderes de la iglesia primitiva fueron martirizados por su fe.

Jacobo fue decapitado en Jerusalén por un político paranoico; Pedro fue crucificado boca abajo; Marcos murió en Egipto luego de ser arrastrado por la calle con caballos; Lucas fue ahorcado en Grecia; Tomás fue atravesado por una lanza en India; Mateo fue ensartado con una espada en Etiopía; Pablo probablemente fue decapitado. "La sangre de los mártires es la semilla de la iglesia".[7] Sus muertes dieron vida a millones de personas, incluyéndonos a ti y a mí. Pero aun así murieron.

Para la mayoría de nosotros en Occidente, la cruz *no es* literal; es una metáfora que refleja la intención de hacer morir el ego, la raíz del problema humano. "Morir al yo", como reza la expresión. O como afirmó Jaroslav Pelikan, el profesor de historia de la religión en la Universidad de Yale: "Cristo viene al mundo para enseñarles a los hombres cómo morir".[8]

Por supuesto, otra palabra que a los cristianos nos encanta para referirnos a muerte es "entrega". La entrega o rendición es el fundamento de la vida espiritual. Una de mis definiciones favoritas de discipulado es *un proceso de por vida para profundizar la entrega a Jesús.*[9] *Esto*, y solo *esto*, es la base sobre la cual se construye una vida de discipulado de Jesús, como Él mismo dijo al final del Sermón del Monte. Todo lo demás es como construir una casa sobre la arena.

Esto es lo que significa amar a Dios. Dentro de la recámara interior del corazón humano, el amor por Dios y la entrega a Él son prácticamente indistinguibles. Jesús mismo dijo: "Si ustedes me aman, obedecerán mis mandamientos".[10]

Otro sinónimo menos popular de "entregarse" es "obedecer". Dentro del corazón del discípulo hay una firme intención de la voluntad de obedecer a Jesús. Aunque la idea de la obediencia es impopular en la era presente, Jesús *da por sentado* que sus discípulos obedecerán sus enseñanzas. Porque esa es precisamente la naturaleza del discipulado: enseñarles "a obedecer todo lo que [Jesús les ha] mandado".[11]

Cualquier otra cosa, aunque utilice lenguaje cristiano, no es verdaderamente cristiana en esencia.

Un aprendiz de Jesús no tiene otra voluntad más que la de Dios. Tu "carne" puede batallar contra ti, los hábitos de pecado en tu "cuerpo mortal"[12] pueden sabotear tus mejores intenciones; tu "cuerpo y espíritu" pueden desfallecer[13] bajo el peso emocional de la vida, pero tu voluntad no está en juego; ella está rendida a Jesús.

En la economía de valor del mundo, esto es una completa estupidez, o peor aún, es algo peligroso. Pero desde el punto de vista de la espiritualidad cristiana, la cúspide de la voluntad humana, en la cima de su poder, es la capacidad de rendirse a Dios en una amorosa confianza, porque se precisa más dominio propio para *rendir* la voluntad que para *ejercerla*.

La verdadera grandeza radica en lo que el psicólogo Gerald May llamó "voluntad, no voluntariedad".[14] O como expresó bellamente Thomas Keating: "El mayor acto de la voluntad no es el esfuerzo sino el consentimiento".[15] Es ceder nuestra voluntad al amor y la sabiduría de Jesús. Rendirnos ante un poder muy superior al nuestro que puede cambiarnos, y a un amor que apenas podemos llegar a comprender.

Jesús fue el ser humano más extraordinario, libre y poderoso que vivió jamás y, aun así, en el clímax de su progreso espiritual, oró al Padre: "no se cumpla mi voluntad, sino la tuya".[16]

Es una larga entrega…

Pero esto es difícil de vender en nuestra cultura de la auto-rrealización, donde nos adoctrinan en la religión de "sé fiel a ti mismo" y nos ordenan: "si te sientes bien, hazlo". Por lo cual, me encuentro atrapado entre dos visiones…

Quiero la vida de Jesús, pero no quiero morir.

¿Qué hay de ti?

Por supuesto, la gran paradoja de la espiritualidad cristiana es que, muriendo, es como vivimos; perdiendo nuestro (falso) yo es como descubrimos nuestro yo verdadero; abandonando nuestros deseos, nuestros más profundos anhelos finalmente son satisfechos.

Por eso, confiar en Jesús es el mismísimo corazón del dis-cipulado.

Pero antes de que decidas en quién confiar, y qué camino seguir, déjame esclarecer algo *realmente* importante…

El costo del (no) discipulado

No *solo* debemos contar el costo de seguir a Jesús, sino también el de *no* hacerlo. Hay un "costo del discipulado", pero tam-bién hay un costo del no-discipulado. Te costará no aprender de Jesús.

Seguramente Jesús querría que consideráramos ambas opcio-nes. No tengo duda de que Él nos animaría a hacer un análisis de costo/beneficio sobre *los dos* futuros posibles: uno siguiendo el Camino y otro donde seguimos nuestro propio camino.

Cuando sacas cuentas puedes llegar a la conclusión de que, es cierto, seguir a Jesús te costará, y mucho. Pero —y aquí viene la letra chica— *no* seguirlo te costará mucho *más*. Te costará la vida con Dios, el propósito por el cual fuiste *creado*, te costará el acceso a la vida interior de la Trinidad, te costará la "paz de Dios, que sobrepasa todo entendimiento" (Filipenses 4:7) y el "gozo indescriptible y glorioso",[17] te costará la libertad del yugo del pecado, la sanidad de la herida del pecado, el perdón de la culpa y la vergüenza del pecado, y la adopción en la familia de Dios para salir del aislamiento del pecado.

La gente a menudo se queja de lo dura que es la vida espiritual, y la realidad es que, ciertamente, *es* dura. Pero lo que le falta a este diagnóstico es que la vida no espiritual es incluso *más* dura.

La *vida* es difícil, con o sin Dios. Pero lo que es *realmente* difícil —para algunos, insoportable— es enfrentar el dolor y el sufrimiento de la vida separados de Dios; tratar de salvarnos nosotros mismos en vez de ser salvados; vivir en un universo sin Dios, sin pastor, sin propósito. Eso sí que es *realmente* difícil.

Lo irónico es que, en nuestro intento por evadir el difícil camino del discipulado, podemos hacer nuestra vida *más difícil* y no más fácil. En nuestra búsqueda de felicidad sin obediencia, hacemos nuestra vida más infeliz. En nuestra resistencia al "yugo" de Jesús, terminamos echándonos al hombro la carga aplastante de nuestros deseos insatisfechos. Esta paradoja, la cual es el corazón del evangelio, está mejor resumida en la declaración de Jesús:

> Porque el que quiera salvar su vida la perderá; pero el que pierda su vida por mi causa y por el evangelio la salvará.[18]

Esto, por supuesto, es más o menos lo que todo el mundo hace: gastan su tiempo, su dinero y sus energías ("su vida") tratando de salvar, proteger, guardar, enriquecer y controlar su vida en un intento por ser felices y tener paz. ¿Y qué ocurre? Casi nunca alcanzan la felicidad o la paz.

Todos conocemos personas que han rechazado a Jesús para seguir sus propios caminos, solo para llegar a un punto de crisis (a menudo a la mitad de la vida o más adelante), donde dicen cosas tales como: "Lo he perdido todo", o "Mi vida se acabó", o "No tengo motivos para seguir viviendo".

Nadie se programa para fallar. Nadie planea el desastre. Nadie intenta llegar a la vejez lisiado por las oportunidades perdidas y encorvado bajo el peso abrumador del remordimiento.

Pero sucede…

Este es el costo del *no*-discipulado. Sin embargo, hay otro camino: el de los aprendices de Jesús. La senda de entregar todo lo que eres para recibir todo lo que Dios es. Jesús contó la parábola de un hombre que descubrió un tesoro enterrado en un campo.[19] Después hizo la cosa más lógica que alguien puede hacer: fue a su casa, vendió *todo* lo que poseía, compró el campo y, a cambio, se convirtió en la persona más rica que te puedes imaginar.

Eso no es heroico, ni siquiera virtuoso: es matemática pura. ¿Qué harías tú en esa situación? Lo que toda persona pensante haría: vender todo y, a cambio, obtener más de lo que entregó. Así es seguir a Jesús. Como dijo el misionero mártir, Jim Elliot: "No es tonto aquel que entrega lo que no puede retener para ganar lo que no puede perder".[20]

Cuando Jesús utilizó una metáfora del mundo financiero para hablar de la salvación, no estaba diciendo que era "gratis". Dijo que costaría los ahorros de toda tu vida, pero que ganarías miles de veces más de lo que entregaste.

Así es la gracia.

Entonces, en vez de preguntarte "¿cuánto estoy dispuesto a rendirle a Jesús?", pregúntate, francamente, "¿Qué tan feliz, tranquilo y libre quiero ser?". La tragedia verdadera es vivir sin morir al yo, quedarse como semilla para siempre, nunca ingresar al humus oscuro de la tierra y jamás resurgir a tu destino. Como expresó el poeta Goethe en el poema "The Holy Longing" [Feliz anhelo]:

> En la medida en que no hayas experimentado esto:
> morir y de ese modo crecer,
> solamente eres un huésped perturbado
> sobre la tierra oscura.[21]

Tú no tienes por qué ser "un huésped perturbado sobre la tierra oscura". Puedes ser aprendiz de Jesús en el reino de Dios.

Vuelve a empezar

El escritor ortodoxo finlandés Tito Colliander narra una historia acerca de un monje al que una vez le preguntaron: "¿Y qué hacen ustedes allí en el monasterio?". El monje le respondió: "Nos caemos y nos levantamos, nos caemos y nos levantamos, nos caemos y nos levantamos otra vez".[22] Es una hermosa imagen de la vida espiritual. Caerse y levantarse de nuevo, una y otra vez en el curso de una vida.

Fallaremos en casi todo lo que está escrito en este libro. Muy seguido. No solo diariamente sino, al menos al comienzo, cada hora. Eso no nos hace "malos" aprendices, solo nos hace humanos. "Caminar con Dios" es una metáfora que se usa en toda la Escritura; no es de sorprendernos entonces que algunas veces "tropecemos". Nos confundiremos, extraviaremos el camino por ignorancia, o incluso deambularemos por el camino a propósito algunas veces.

No es cuestión de *si*, sino de *cuándo*.

Cuando eso ocurra, ¿qué pasará?

Comenzaremos de nuevo.

Como dijo Frank Laubach sobre sus muchos fracasos cada día para practicar la presencia de Dios: "Uno puede empezar de nuevo instantáneamente en cualquier momento".[23]

Cuando los monjes benedictinos entran a un monasterio, toman un voto de "conversión de vida", que es esencialmente un voto de por vida sobre su formación: nunca dejar de crecer. Para San Benito y muchos otros, la salvación es un proceso continuo que comienza en el *bautismo*, pero no acaba hasta que cruzamos el umbral de la muerte. O posiblemente *nunca* termina. San Gregorio, que definió el pecado como "una negación a seguir creciendo", también afirmó que en el cielo la "perfección" no será algo estático, como en el pensamiento griego, sino una clase de crecimiento interminable, casi una versión cristianizada de la evolución y la iluminación, escalando cada vez más alto hasta alcanzar nuevas esferas de posibilidad humana en Dios.[24]

Nuevamente, el progreso se logra a través de morir al yo, no trepando en alguna especie de escalera del éxito espiritual. Y si existe una escalera, ¡bajémosla en vez de subirla! A riesgo de ser demasiado realista espiritualmente, mi propio viaje espiritual ha estado marcado por más fracasos que éxitos. Sospecho que no soy el único.

De ahí la necesidad de conversión de vida.

Entonces, para cerrar, para aquellos que quieren embarcarse en el viaje de su vida, permítanme mostrarles los próximos pasos:

1. Cada día debes tener delante de tu mente y de tu imaginación la belleza y la posibilidad de vida en el reino de Dios.

    Día a día, llena tu corazón con la maravilla de la persona, el evangelio y la vida de Jesús. Lee y relee los evangelios, repasa cada historia, dirige tu mente a él en oración. Contempla al Hijo de Dios.

2. Una vez que tu corazón es consumido por una visión de Jesús, debes empezar allí donde te encuentras. Da un pequeño paso, de inmediato.

    A Willard una vez le preguntaron cómo llegar a ser santo. Él respondió: "Haciendo la próxima cosa correcta".[25]

    ¿Qué es "la próxima cosa correcta" para ti? ¿Pasar por las aguas del bautismo? ¿Explorar una nueva práctica? ¿Elaborar una regla de vida? ¿O simplemente estás listo para ofrecerle una oración sincera a Dios diciendo que, aunque todavía tienes *un montón* de preguntas sin responder, por primera vez *quieres quererlo* a Él?

Comienza *allí*. Jesús nunca se encontró con nadie en otro lugar que no sea el lugar en el que en realidad *está*.

3. Tómalo con calma. No te esfuerces demasiado. Relájate. "Que la vida sea querida a través de ti".[26] Respira. Ábrete a Dios. Comienza descansando. Otra vez lo digo: es menos, no más. No hay ningún apuro.

4. *Cuando* caigas —repito, *todos* caemos— arrepiéntete, sí, pero no te dejes absorber por el remordimiento o la vergüenza. Recurre a la misericordia de Dios.

En este libro hice todo lo posible por presentarte una visión de lo maravilloso que es ser un aprendiz de Jesús, pero reconozco que las palabras se quedan cortas a la hora de describir la belleza de una vida así.

Ahora bien, debes decidir: ¿quieres convertirte en un aprendiz de Jesús? ¿Quieres practicar el camino? Si es así, debes comenzar. Como se dice en Occidente: "El camino de mil pasos comienza con una sola pisada". Solo da el primer paso, luego el siguiente, después el otro, y veremos lo que viene a continuación... ¿Quién sabe a dónde te llevará seguir al rabí?

Pero a medida que viajamos juntos en este Camino, donde la senda es larga y difícil, cuando lleguen los tropiezos o te desvíes, recuerda: "caerse y levantarse, caerse y levantarse, caerse y levantarse otra vez".

Y vuelve a comenzar.

Extras

El Curso Practica el Camino

El Curso Practica el Camino es una introducción a la formación espiritual que dura ocho semanas, diseñado para llevarlo a cabo en tu iglesia o grupo pequeño. Si asistes al curso, tú y tu congregación saldrán con:

- Una Reflexión sobre la Salud Espiritual.
- El entendimiento sobre lo que significa ser aprendices de Jesús, la formación espiritual.
- Una evaluación de hábitos de tu vida actual y un plan para una contrarreforma intencional.
- Entrenamiento personal en prácticas espirituales, incluyendo el Sabbat, la solitud, la oración, lectura de las Escrituras y más.

- Un plan para tener comunidad alrededor de la mesa.
- Pasos personalizados como aprendiz de Jesús.

Para realizar el curso Practica el Camino, visita practising-theway.org.

Una Regla deVida de Practicing the Way (Practica el camino)

1. Una comunidad de descanso en una cultura de prisa y agotamiento, a través de la práctica del *Sabbat*.
2. Una comunidad de paz y tranquilidad en una cultura de ansiedad y ruido, a través de la práctica de la *solitud*.
3. Una comunidad de comunión con Dios en una cultura de distracción y escapismo, a través de la práctica de la *oración*.
4. Una comunidad de amor y profundidad en una cultura de individualismo y superficialidad, a través de la práctica de la *comunidad*.
5. Una comunidad de valiente fidelidad a la ortodoxia en una cultura de compromiso ideológico, a través de la práctica de las *Escrituras*.
6. Una comunidad de santidad en una cultura de indulgencia e inmoralidad, a través de la práctica del *ayuno*.
7. Una comunidad de contentamiento en una cultura de

consumismo, a través de la práctica de la *generosidad*.

8. Una comunidad de justicia, misericordia y reconciliación en una cultura de injusticia y división, a través de la práctica del *servicio*.

9. Una comunidad de hospitalidad en una cultura de hostilidad, a través de la práctica del *testimonio*.

El Constructor de la Regla de Vida

No existe un enfoque único para la formación espiritual que encaje bien con todos. Una regla de vida puede servir como un punto de anclaje para mantener unida a una comunidad en torno a Jesús, pero cada miembro debe personalizar la Regla para que se adapte a las particularidades de su vida. Y una Regla no está destinada a ser estática, sino dinámica, ya que tu vida cambia con las estaciones y etapas.

Con ese fin, hemos creado una herramienta digital gratuita para que diseñes tu propia regla de vida. Comienza ahora yendo a practicingtheway.org/ruleoflifebuilder.

Agradecimientos

Cuanto más vivo, mejor se resume el sentimiento de mi corazón en un simple *gracias*. Tantas personas invirtieron su tiempo, esfuerzo, sabiduría y amor en este proyecto. Mi corazón está lleno de gratitud. Gracias a...

- La Iglesia Bridgetown. Este libro nació de nuestro viaje juntos y los llevaré en mi corazón para siempre: los amo.
- Mi agente literario Mike Salisbury, por ir mucho más allá de lo normal; mi Yoda. Y a todo el equipo en Yates & Yates: Matt, Curtis y Sealy Yates, y Kristina Troup.
- Todo el equipo de Practicing the Way (¡ahora tenemos un equipo, hurra!), pero especialmente a Cameron Doolittle por manejar todo para que yo pueda concentrarme en escribir; Sydney Bolinger por ser una jefa y ser muy amable; Lisa Oliver por su dedicación paciente al oficio; Evan Oliver por los vuelos en avión, alquiler de cámaras y sonrisas cálidas; y sobre todo, a Deanna Gilda y por doce años de asociación llena de más alegría y amabilidad de la que la mayoría de las personas experimenta en toda una vida.
- RWP. ¡Amigo, te quiero! ¿Qué sigue?
- Todos en Penguin Random House y WaterBrook: Tina Constable, Laura Barker, Douglas Mann, Campbell Wharton, Bret Benson y todo el equipo. Han sido muy buenos conmigo.
- Paul Pastor, Drew Dixon, Laura Wright, Tracey Moore y todos los que trabajaron incansablemente en la edición final de este libro; gracias por su paciencia con mi indecisión, perfeccionismo y lentas respuestas de correo electrónico…
- Todos mis lectores beta —saben quiénes son— pero especialmente a Gerry Breshears; ¡todavía no puedo creerlo! Y a Sam Aker (¡ninja!) por tu análisis literario y ayuda con las ediciones finales.

- Un agradecimiento especial a Jason Ballard, Tyler Staton, Bethany Allen y Gavin Bennet por ser compañeros de pensamiento en todo lo relacionado con Practicing the Way, y a Gordie Cochran, Tim Choy y todo el equipo de Colours and Shapes por convertir esta visión en realidad.
- Mis hijos, Jude, Moses y Sunday, por todo el amor y la paciencia con su padre introvertido, y mi encantadora esposa, T, por su constante ánimo a lo largo de los altibajos de los últimos años.

Finalmente, se siente torpe y equivocado agregar a Dios a una lista de agradecimientos, pero... Dios del Amor Trino, ofrezco las palabras inspiradas del Apocalipsis de vuelta a ti con amor: "Eres digno, Señor y Dios nuestro, de recibir la gloria y el honor y el poder, porque tú creaste todas las cosas, y por tu voluntad fueron creadas y existen".

Notas

Sobre Practicing the Way
(Practica el camino)

Practicing the Way es una organización sin fines de lucro que desarrolla recursos de formación espiritual para iglesias y grupos pequeños que buscan aprender cómo convertirse en aprendices en el camino de Jesús.

Creemos que una de las mayores necesidades de nuestro tiempo es que las personas descubran cómo convertirse en discípulos de Jesús de por vida. Con ese fin, las ayudamos a aprender cómo estar con Jesús, llegar a ser como él y hacer lo que él hizo, a través de las prácticas y ritmos que Él y sus primeros seguidores vivieron.

Todos nuestros recursos están disponibles sin costo alguno gracias a la generosidad del Círculo, un grupo de donantes mensuales de todo el mundo que se asocian con nosotros para que la formación se integre en la iglesia en general.

Para obtener más información, visita practicingtheway.org.

Sobre la fuente

Este libro está tipeado en Perpetua, un tipo de letra diseñada por el artista inglés Eric Gill (1882-1940), y cortada por la Monotype Corporation entre 1928 y 1930. Perpetua es una tipografía contemporánea de diseño original, sin antecedentes históricos directos. Las formas de las letras romanas se derivan de las técnicas de tallado en piedra. Los tamaños de exhibición más grandes son extremadamente elegantes y forman una serie de inscripciones muy distinguidas.

Originalmente se utilizaba tanto para la impresión de libros como para inscribir nombres y frases en monumentos de Inglaterra. Debe su nombre a la mártir cristiana Perpetua, que prefirió dar su vida antes que renunciar a su fe en Jesús. Su valor y su paz interior ante la muerte inspiraron a miles de cristianos a permanecer fieles al Camino de Jesús en los siglos de persecución que siguieron, y su historia sigue inspirándonos hoy.

Introducción: Polvo

1. "Que tu casa sea un lugar de reunión para los rabinos, que te cu-
bras con el polvo de sus pies y bebas sus palabras con sed" —Yose
ben Yoezer (siglo II d. C.). Algunos eruditos creen que se refería
al polvo que inevitablemente se te pega a la ropa cuando te sientas
a los pies de tu maestro por horas; otros afirman que era por ir
detrás de él en los caminos polvorientos de esa época, siguiéndolo
tan de cerca como para no perderte una palabra que dijera. Cualquiera sea el caso, se trataba de una bendición de proximidad; estar tan cerca de tu rabino que te llenaras de polvo. Ann Spangler y
Lois Tverberg, *Sentado a los pies del maestro Jesús: El trasfondo judío de
Jesús y su impacto en la fe cristiana*, Vida Publishers, 2010, pp. 18-19
del original en inglés.

2. "Robert N. Bellah, *Hábitos del corazón* (Madrid: Alianza Universidad y D.L. 1989).

3. "John Donne, *Devociones para circunstancias inminentes y duelo por la
muerte* (Barcelona: Navona Editorial, 2018), p. 103.

4. "Tish es una de las mejores escritoras contemporáneas sobre el
tema de la formación. Este extracto es de su libro *Prayer in the Night*. Harrison Tish Warren, *Prayer in the Night: For Those Who Work
or Watch or Weep* [Oraciones por la noche: Por los que trabajan,
vigilan o lloran], (Downers Grove, IL: InterVarsity Press, an im-
print of InterVarsity Press, 2021) p. 82.

5. "Mira *El origen y el triunfo del ego moderno*, de Carl Trueman, el cual
considero uno de los libros cristianos más importantes que se haya
escrito en décadas. Carl R. Trueman y Rod Dreher, *El origen y
el triunfo del ego moderno: amnesia cultural, individualismo expresivo y el
camino a la revolución sexual* (Nashville, Tennessee: B&H Publishing
Group, 2022).

6. "Jaron Lanier, *Diez razones para borrar tus redes sociales de inmediato*
(Barcelona: Debate, 2018).

7. "Esta oración se la debo al fino trabajo de Chris Cruz, quien originalmente dijo: "Si no estamos siendo intencionalmente discípulos de Jesús, estamos siendo inintencionalmente discipulados por el mundo. Chris Cruz, *The Practice of Being with Jesus* [La práctica de estar con Jesús], (Redding, CA: Chris Cruz, 2020), p. 5.

8. "Cuando la gente dice (como escucho a menudo en Portland): "Yo no creo en Dios; creo en la ciencia", están dejando entrever que creen en algo, solo que no en Dios. A pesar del mito popular de que la gente secular cree solo en los "datos fríos" y no en "opiniones y sentimientos", la realidad es que han elegido poner su confianza en la interpretación de otra persona inteligente sobre los datos de la ciencia, en vez de en la relación o en un maestro como Jesús (u otros inteligentes pensadores científicos que sí creen en Dios). La diferencia no está entre los que creen en datos y los que creen en sentimientos, sino entre los que eligen poner su fe en una interpretación secular de la ciencia y los que eligen confiar en una interpretación teísta de la misma.

9. "Juan 6:68

10. "Ver Lucas 14:27-30

11. 1 Timoteo 6:19

12. Mateo 4:19

Aprendices de Jesús

1. Marcos 1:17

2. Marcos 1:18

3. Merriam-Webster, s.v. "rabbi," www.merriam-webster.com/dictionary/rabbi#word-history.

4. Dato curioso: la palabra traducida como "carpintero" en los evangelios es *tekton*, y significa "constructor" o "trabajador". En Galilea había pocos árboles; las casas se construían en piedra y la gente

se sentaba en el suelo para comer y para relajarse, no en mesas y sillas. Muy pocas cosas eran hechas con madera (la puerta, por ejemplo, y algunas herramientas). Así que, aunque a la gente le encante imaginarse a Jesús con una herramienta haciéndole a María una hermosa silla mecedora, es más probable que Jesús haya sido artesano de la piedra. Henry George Liddell et al., *A Greek - English Lexicon* (Oxford: Clarendon Press, 1996), 1769. Robby Galatty, "The Forgotten Jesus, Part 2: Was Jesus a Carpenter or a Stonema-son?", [El Jesús Olvidado, Parte 2: ¿Era Jesús carpintero o cantero?], *Lifeway Leadership*, https://leadership.lifeway. com/2017/04/04/the-forgotten-jesus-part-2-was-jesus-a-carpenter-or-a-stonemason.

5. Ann Spangler y Lois Tverberg. *Sentado a los pies del maestro Jesús*, pp. 31-32

6. Aquí tienes una excelente y breve explicación [en inglés] del título "rabí" en el siglo I: https://ourrabbijesus. com/articles/can-we-call-jesus- rabbi.

7. Como Gerald L. Sittser dijo: "Los rabinos reunían un círculo de discípulos y les enseñaban a interpretar y obedecer la ley de Moisés. Ganaban su autoridad asistiendo a la escuela rabínica y aprendiendo de un rabí reconocido, que siempre enseñaba desde el marco teórico de una tradición rabínica en particular. Jesús era inusual porque no seguía ese camino convencional. Nunca asistió a una escuela, nunca estudió bajo un rabino establecido y nunca les enseñó a sus seguidores una tradición rabínica. Ni una vez citó a un rabino. Lo que sí hizo fue acusarlos de no enseñar el significado real de la ley de Moisés". Gerald Lawson Sittser, *Resilient Faith: How the Early Christian "Third Way" Changed the World* [Fe resiliente: Cómo los primeros cristianos de la "tercera ola" cambiaron el mundo], (Grand Rapids, MI: Brazos Baker, 2019), p. 29.

8. Mateo 22:33; Marcos 9:15

9. Lucas 4:22

10. Marcos 1:22

11. Mateo 13:54; Juan 7:46

12. Dallas Willard, *La gran omisión: Recuperando las enseñanzas esenciales de Jesús en el discipulado* (Nashville, Tennesse: HarperCollins, 2015), p.19 (en versión original en inglés)

13. Ann Spangler y Lois Tverberg, *Sentado a los pies del maestro Jesús*, p. 38. Sigo haciendo referencia a esto porque es un libro fenomenal sobre el trasfondo judío de los cuatro Evangelios.

14. Juan 10:33, BLPH. Son solo los modernos quienes argumentan que "Jesús nunca alegó ser Dios". Sus oyentes originales tuvieron la interpretación contraria. Solo que se perdió en la traducción a nuestros oídos modernos, porque Jesús no lo dijo en el estilo de un ensayo académico occidental; está en parábola, en metáfora, donde constantemente se está poniendo Él mismo —en palabras y acciones— en el lugar donde solo Dios está. O diciendo cosas como: "El que me ha visto a mí, ha visto al Padre".

15. Las edades recomendadas para estudiar se encuentran en la Mishná, Pirkei Avot 5:21. Más información sobre los tres niveles de educación en William Barclay, *Educational Ideals in the Ancient World* [Ideales educativos en el mundo antiguo], (Grand Rapids, Michigan: Baker Books, 1980).

16. Rob Bell, "Covered in the Dust of Your Rabbi" ["Cubierto de Polvo de tu Rabino"], YouTube video, 23:08, https://youtu.be/aCtrsJ6nSio?si=UfCBKZtz0QY0Rwja. .

17. Rob Bell, "Covered...", 17:57.

18. Marcos 3:14 RVA 2015

19. Lucas 6:40. Lo parafraseamos para obtener mayor claridad. En la NVI es "El discípulo no es superior a su maestro, pero todo el que haya completado su aprendizaje será como su maestro".

20. Ray Vander Laan, "Rabbi and Talmidim" [El rabino y el Talmidim], That the Worl May Know [Lo que el mundo debería saber] . Todo lo de Ray vale oro.

21. Spangler y Tverberg, *Sentado a los pies*... p. 58 del original en inglés

22. Dallas Willard, *La gran omisión: Recuperando las enseñanzas esenciales de Jesús en el discipulado* (Nashville, Tennese: HarperCollins, 2015), p.6 del original en inglés.

23. *Strong's Definitions*, s.v. "*talmid*," Blue Letter Bible, www.blueletter-bible.org/lexicon/h8527/kjv/ wlc/0-1.

24. En griego, el idioma del Nuevo Testamento, la palabra principal utilizada es "mathētēs" (μαθητής) para referirse a un discípulo. El verbo "mathēteuō" (μαθητεύω) se utiliza en algunos versículos y se traduce como "ser un discípulo" o "hacer discípulos". Por lo tanto, el término "discípulo" todavía se usa como sustantivo en el Nuevo Testamento. En Mateo 28:19 y Hechos 14:21 el verbo "hacer" es puesto antes que discípulo, ambas ocasiones en conexión con el evangelio. Pero incluso allí, yo interpretaría que dice: "Prediquen el evangelio de tal manera que la gente quiera volverse aprendiz de Jesús, no solo 'convertidos' desde un punto de vista religioso".

25. O bien, si estás en el rol de un mentor más viejo y sabio, algo que le haces a un adherente más joven al Camino. Lo "discipulas".

26. Esta oración está basada en una hermosa cita de Dallas Willard en *La gran omisión*: "El Nuevo Testamento es un libro escrito sobre discípulos, por discípulos y para los discípulos de Jesucristo". Dallas Willard, *La Gran Omisión*.

27. John Ortberg, *La eternidad comienza ahora*, Grupo Nivel Uno, 2019, p. 49 del original en inglés.

28. Michael Burkhimer, *Lincoln's Christianity*, [El cristianismo de Lincoln] (Yardley, Pa.: Westholme, 2007), xi. (Baltimore: The Johns Hopkins University Press, 2013).

29. Para los que están leyendo esto desde afuera de los EE. UU., los amo y pido disculpas por las estadísticas basadas en mi país que encuentres en la lectura.

30. Gregory A. Smith, "About Three in Ten US Adults Are Now Religiously Unaffiliated" ["Alrededor de tres de cada diez adultos en Estados Unidos no tienen afiliación religiosa en la actualidad"], *Pew Research Center*, 14 de diciembre de 2021, www.pewresearch.org/reli-gion/2021/12/14/about-three-in-ten-u-s-adults-are-now-religiously-unaffiliated.

31. "American Worldview Inventory 2023", Barna, 28 de febrero de 2023, https://www.arizonachristian.edu/wp-content/uploads/2023/02/CRC_AWVI2023_Release1.pdf.

32. "Maximus the Confessor: Two Hundred Texts on Theology and the Incarnate Dispensation of the Son of God" ["Máximo el Confesor: Doscientos textos sobre teología y la dispensación encarnada del hijo de Dios"], *Padres de la Iglesia Ortodoxa*, https://orthodoxchurchfathers.com/fathers/philokalia/maximus-the-confessor-two-hundred-texts-on-theology-and-the-incarnate-dispensati.html.

33. Un ejemplo es que la mayoría de las iglesias tiene una declaración de fe que a menudo solicitan que los miembros firmen, pero pocas tienen una "declaración de ética" que requieren que los miembros sigan el Sermón del Monte, o una Regla de Vida que haga que organicen sus vidas en torno a la oración de una forma concreta.

34. Recuerda: Jesús tuvo solo doce apóstoles, pero tenía cientos de seguidores, incluyendo mujeres.

35. Willard, *La gran omisión*, XV

36. Mira *Faith in Exiles*, de David Kinnamen. La estadística es para Estados Unidos; ellos estudiaron veintiséis países y es similar en otros contextos occidentales como Reino Unido o Australia, pero más elevadas en países asiáticos y africanos. David Kinnamen y Mark Matlock, *Faith for Exiles: 5 Ways for a New Generation to Follow Jesus in Digital Babylon* [Fe para exiliados: 5 maneras de que la nueva generación siga a Jesús en la Babilonia digital], Baker Books, 2019, p. 32.

37. ¿Ahora tengo tu atención?

38. Para una mirada más profunda y amplia sobre este tema, puedes escuchar la serie de enseñanzas que realicé, llamada *Predicar el Evangelio.* Disponible en https://practicingtheway.org/practices/preaching-the-gospel. Yo recomiendo la enseñanza titulada "Los cuatro evangelios de América".

39. En verdad, es de mi profesor de seminario, el Dr. Gerry Breshears. Él lo llama "el evangelio de Juan 3:16"

40. Mateo 7:21

41. "What the Bible Says About *Hamartia*" ["Lo que dice la Biblia acerca de hamartia"], *Forerunner Commentary,* Bible Tools, www.bible tools.org/index.cfm/fuseaction/topical. show/RTD/cgg/ID/1677/ Ha- martia.htm.

42. Lucas 19:10

43. Marcos 1:15

44. Mateo 11:25

45. Willard, *La gran omisión*, 61.

46. Mateo 7:26-27

47. Otra gran frase de Ortberg. John Ortberg, *La eternidad comienza ahora,* p. 8 del original en inglés.

48. Tomado de *The Orthodox Way*, de Kallistos Ware, un libro absolutamente maravilloso. Cuando lo leí, sentí que estaba llegando a casa. Kallistos Ware, *The Orthodox Way* [El camino ortodoxo], (Crestwood, NY: St Vladimir's Seminary Press, 1995).

49. Juan 14:6

50. Eugene H. Peterson, *El camino de Jesús: una conversación sobre las diversas maneras en que Jesús es el camino* (Miami, Florida: Editorial Patmos, 2009).

51. Mateo 7:13-14

52. Juan 10:10

53. Salmos 23:5

54. Marcos 8:34

55. Para aquellos que tienen el libro, ¿vale la pena la lectura?

56. "The Count of Monte Cristo (2002): Quotes," Internet Movie Database, https://www.imdb.com/title/tt0245844/?ref_=ext_shr_lnk.

Meta #1: Estar con Jesús

1. Juan 1:35-39
2. "Sentarse a los pies" era un modismo que significaba ser discípulo de un rabino. No tenemos registros de ningún rabino, excepto Jesús, que tuviera mujeres como discípulas.
3. Marcos 3:13-19, BLPH
4. Lucas 9:2
5. Juan 14:16, BLPH
6. HELPS Word-studies, s.v., "allos," Bible Hub, https://biblehub.com/greek/243.htm.
7. Strong's Concordance [Concordancia de la Biblia Strong], s.v., "paraklētos," Bible Hub, https://biblehub.com/greek/3875.htm.
8. Juan 14:26
9. Juan 15:4
10. "What Does It Mean to Abide?" ["¿Qué significa permanecer?"], *Precept Austin*, 6 de agosto de 2022, www.preceptaustin.org/what-does-it-mean-to-abide.
11. Por favooooor, lee "Stolen Focus" ["Enfoque robado"] de Johann Hari o *Diez razones para borrar...*, de Jaron Lanier.
12. De Gálatas 5:22-23, ¡qué pasaje!
13. 1 Timoteo 6:19; 1 Tesalonisenses 5:17
14. Chel Avery, "Traditional Quaker Worship" ["Culto Tradicional Cuáquero"], *Centro de Información Cuáquera*, 26 de mayo de 2011, https://quakerinfo.org/quakerism/worship.
15. Jean-Pierre Caussade, *The Sacrament of the Present Moment* [El sacramento del momento presente], traducido por Kitty Muggeridge (San Francisco, CA: HarperSanFrancisco, 1989).

16. A. W. Tozer, *La búsqueda de Dios por el hombre*, Lake Mary: Casa Creación, 2013, capítulos 3 y 4.

17. Dallas Willard, "An Invitation to a 'With-God Life' in Jesus" ["Una Invitación a una 'Vida Con-Dios' en Jesús"], Dallas Willard Ministries, video de YouTube, www.youtube.com/watch?v=HN 1K43YePCc.

18. Hermano Lawrence, *La práctica de la presencia de Dios* (Buenos Aires: Editorial Peniel, 2014).

19. Mihaly Csikszentmihalyi, *Fluir: Una psicología de la felicidad* (Barcelona: Editorial Kairós, 2021).

20. Hermano Lorenzo, *La práctica...*

21. Thomas Kelly, *A Testament of Devotion* (San Francisco: Harper-SanFrancisco, 1992), p. 15

22. Una frase del escritor de ciencia ficción Cory Doctorow en "Writing in the Age of Distraction" ["Escribir en la era de la distracción"], *Locus Magazine*, enero de 2009, https://www.locusmag. com/Features/2009/01/cory-doctorow-writing-in-age-of.html. Dallas Willard, *La Gran Omisión*, p. 125 del original en inglés.

23. Willard, Dallas. Dallas Willard, *The Great Omission: Reclaiming Jesus's Essential Teachings on Discipleship* [La gran omisión: reclamando las enseñanzas esenciales de Jesús a sus discípulos]. New York, NY: HarperOne, 2014.

24. Salmos 16:8 RVA 2015

25. Colosenses 3:2

26. Hwee Hwee Tan, *In Search of the Lotus Land* ["En Busca de la Tierra del Loto"], *Quarterly Literary Review Singapore 1*, no. 1 (octubre de 2001),. http://www.qlrs.com/essay.asp?id=140.

27. Gracias, Rousseau.

28. Tozer, *La búsqueda de Dios*, capítulo 7.

29. Frank C. Laubach, *Letters by a Modern Mystic* [Cartas de un místico moderno], Londres: Society for Promoting Christian Knowledge, 2011, p. 75 (cursivas añadidas).

30. Marjorie J. Thompson, *Soul Feast: An Invitation to the Christian Spiritual Life* [Fiesta del alma: Una invitación a la vida espiritual cristiana], Louisville: Westminster John Knox Press, 2015.

31. David L. Fleming, *¿Qué es la espiritualidad ignaciana?* (Loyola Press, 2013).

32. Tomado de *From the Philokalia volume 5: On the Union with God, and the Life of Theoria* (Christos Z. Konstas, 2020). Si quieres profundizar, lee *La Filocalia*, me está cambiando la vida actualmente.

33. 2 Corintios 3:18 LBLA

34. Salmos 27:4

35. El segundo libro de esta serie, estate atento.

36. Efesios 3:16-19

37. La palabra usada por Pablo es γινώσκω (ginosko) y significa un conocimiento relacional como yo "conozco" a mi esposa T. Thayer's Greek Lexicon, s.v. "ginōskō," Blue Letter Bible https://www.blueletterbible.org/lexicon/g1097/niv/mgnt/0-1/

38. David G. Benner, *Surrender to Love: Discovering the Heart of Christian Spirituality* [Entregarse al amor: Descubriendo el corazón de la espiritualidad cristiana], Downers Grove, Illinois: InterVarsity, 2003, p. 92.

39. "Paying Attention: The Attention Economy" ["Prestar atención: La economía de la atención"], *Berkeley Economic Review*, 31 de marzo de 2020,. https://econreview.berkeley.edu/wp-content/uploads/2020/07/BER_Spring2020_Magazine.pdf

40. Simone Weil, "Gravity and Grace" ["Gravedad y Gracia"], trad. Arthur Wills, Nueva York: G. P. Putnam's Sons, 1952, p. 170.

41. Douglas V. Steere, *Together in Solitude* [Juntos en la solitud], Nueva York: Crossroad, 1982, p. 25, citado en Arthur Boers, *Living into Focus: Choosing What Matters in an Age of Distractions* [Vivir enfocados: elegir lo que importa en una era de distracciones], Grand Rapids, Michigan: Brazos, 2012, p. 48

42. Richard Plass, *The Relational Soul: Moving from False Self to Deep Connection* [El alma relacional: pasando del falso yo a una conexión profunda], (IVP Books, 2014).

43. Por este motivo, los místicos cristianos han dicho por mucho tiempo que la unión sexual en el matrimonio es el ejemplo definitivo de nuestra unión con Dios; comienza con palabras, pero va más allá de ellas cuando las almas se entremezclan. Para un excelente repaso sobre esta corriente de pensamiento cristiana tan rica, lee Christopher West, *Fill These Hearts: God, Sex and the Universal* [Llena estos corazones: Dios, sexo y lo universal], (New York: Crown Publishing Group, 2018).

44. Karl Rahner, *Theological Investigations* [Investigaciones teológicas], (New York: Seabury Press, 1977), p. 149.

45. El término teológico aquí es "incorporación" y los estudiosos alegan que es el tema dominante de los escritos de Pablo. Se usa más de setenta veces en sus cartas.

46. Colosenses 3:3

47. Colosenses 1:27

48. Prefiero el original de marca Coava, el sabor América Central, preparado en una cafetera Chemex.

49. Henri Nouwen, "From Solitude to Community to Ministry" ["De la solitud a la comunión al ministerio], *Leadership 16* (primavera de 1995), www.christianitytoday.com/pastors/1995/spring/5l280.html.

50. Génesis 15:1

51. Juan 15:15

52. Tomás de Kempis, *Imitación de Cristo*, trad. Pedro Mendizábal Cortés, 2023, p. 113 del original en inglés, www.google.com/books/edition/The_Imitation_of_Christ/NKPnvCS9j1EC [en inglés]

53. Lucas 10:39

54. 1 Timoteo 6:19

55. Mateo 6:6

56. Bible Hub, s.v. "tameion," https://biblehub.com/greek/5009.htm.

57. Marcos 1:35

58. Blue Letter Bible, s.v. "erēmos," https://www.blueletterbible.org/lexicon/g2048/niv/mgnt/0-1/

59. Lucas 5:16

60. Lucas 22:39

61. Lucas 22:39, AMP

62. Juan 18:2

63. Henri J. M. Nouwen, *Making All Things New: An Invitation to the Spiritual Life* [Haciendo todas las cosas nuevas: Una invitación a la vida espiritual], (San Francisco: HarperSanFrancisco, 1981), p. 69.

64. Henri J. M. Nouwen, *Beloved: Henri Nouwen in Conversation* [Amado: Henri Nouwen en Conversación], con Philip Roderick, (Grand Rapids, Mich.: William B. Eerdmans, 2007), pp. 30-31.

65. Para poner las cartas sobre la mesa, no creo que sea poco realista respecto de la mayoría de las personas. El individuo "promedio" pasa más de dos horas al día en las redes sociales, y cuatro horas mirando televisión. "Average Daily Time Spent on Social Media (Latest 2023 Data)" ["Tiempo promedio diario pasado en las redes sociales"], *Broadband Search*, https://www.broadbandsearch.net/blog/average-daily-time-on-social-media ; Rebecca Lake, "Television Statistics: 23 Mind-Numbing Facts to Watch" ["Estadísticas sobre la televisión: 23 factores abrumadores para observar"], *CreditDonkey*, 26 de febrero de 2023, www.creditdonkey.com/television-statistics.html. Incluso para aquellos que sinceramente no pasan una hora, la mayoría de las personas pueden reacomodar sus vidas para crear espacio para eso, si lo eligieran. Para padres y madres jóvenes con hijos pequeños o los que tienen empleos demandantes, esto puede requerir una gran creatividad, pero mayormente puede hacerse.

66. Tyler Staton, él es alguien auténtico.

67. Dicho esto, gracias, James Clear, por esta idea increíblemente útil. Recomiendo encarecidamente su libro *Atomic Habits* ["Hábitos atómicos"].

68. Mira mi libro anterior *Elimina la prisa de tu vida* (Origen, 2022), donde cuento esta historia. pp. 34.

69. Una breve palabra para los pastores. A menudo, en nuestro deseo bienintencionado de ver crecer nuestras iglesias, la gente percibe nuestro liderazgo como un intento de agregarles cosas a sus vidas ya sobrecargadas. Los domingos se vuelven menos como un Sabbat y más como un día de trabajo religioso. ¿Qué sucedería si nos viéramos a nosotros mismos como guías espirituales que ayuden a las personas a vivir una vida más lenta con Jesús? ¿Y si estructuráramos los domingos como un "hábito" diseñado para desacelerar la comunidad, aquietar el cuerpo y la mente, y ayudarnos a cultivar una vida profunda de permanencia? Henri Nouwen una vez les dijo a los pastores: "Nuestra tarea es lo contrario a la distracción. Nuestra tarea es ayudar a la gente a concentrarse en el hecho real, pero a menudo oculto de la presencia activa de Dios en sus vidas. Por lo tanto, la pregunta que debe guiar la organización de nuestras actividades en la parroquia no es cómo mantener a las personas ocupadas, sino cómo ayudarles a no estar tan activos que ya no puedan escuchar más la voz de Dios que habla en el silencio". Henri Nouwen, *The Way of the Heart: Desert Spirituality and Contemporary Ministry* [El camino del corazón: espiritualidad del desierto y ministerio contemporáneo], (San Francisco: HarperSanFrancisco, 1991), p. 63

70. Rich Villodas, *The Deeply Formed Life: Five Transformative Values to Root Us in the Way of Jesus* [La vida profundamente formada: cinco valores transformadores para arraigarnos en el camino de Jesús], (Colorado Springs: WaterBrook, 2020), pp. 3-5.

71. Como dijo A.W. Tozer: "Es bueno que aceptemos la dura verdad ahora: el hombre que quiere conocer a Dios debe dedicarle

tiempo. Debe contar el tiempo perdido en cultivar su conocimiento. Debe entregarse a la meditación y a la oración durante horas y horas. Así lo hicieron los santos de antaño, la gloriosa compañía de los apóstoles, la buena comunión de los profetas y los miembros creyentes de la santa iglesia en todas las generaciones. Y lo mismo debemos hacer nosotros si queremos seguir su ejemplo".

72. Para hacerlo, toma el curso en practisingtheway.org

73. Ronald Rolheiser, *The Holy Longing:The Search for a Christian Spirituality* [La añoranza sagrada: la búsqueda de la espiritualidad cristiana] (NewYork: Doubleday, 1999), p. 9.

74. Juan 1:39

Meta #2: Ser como Jesús

1. Pero… casi lo fue. Luego de escucharme decir una versión de lo que estoy a punto de decir sobre los monjes y las calaveras en un pódcast, un buen amigo mío que trabaja en México me llamó. "Conozco un tipo que puede darte una calavera de verdad". Aparentemente hay un mercado en la ciudad de México, donde si entras en un puesto, puedes preguntar por algo así como "el tipo que conoce al tipo". En serio lo pensé, pero enseguida se me tornó en un problema ético. Así que, en cambio, opté por uno de cerámica de Etsy.

2. Benedict y Timothy Fry, *The Rule of St. Benedict in English* [La Regla de san Benito, en inglés], (Collegeville, MN: Liturgical Press, 2018), capítulo 4

3. Del título de este libro. Neil Postman, *Divertirse hasta morir: El discurso público en la era del «show business»*, (La Tempestad, 2012).

4. Ronald Rolheiser, *En busca de espiritualidad: Lineamientos para una espiritualidad cristiana del siglo XXI* (Buenos Aires: Lumen, 2003).

5. David Brooks, *El camino del carácter* (México: Océano Exprés, 2019).

6. Lucas 6:40 NTV. Ver también: Mateo 10:24

7. Que conste que no me refiero a esta declaración de manera filosófica, como en una "teoría de la persona"; (la idea de que tanto el aborto como la eutanasia están basados), que afirma que un ser humano tiene que alcanzar un cierto nivel de desarrollo para calificar como "persona" con derechos humanos (mira el fenomenal libro de Nancy Pearcy, *Ama tu cuerpo: Respuesta a preguntas difíciles sobre la vida y la sexualidad*). Lo digo retóricamente: te estás convirtiendo en un tipo de alma, luminosa en belleza o desfigurada por el pecado.

8. Aquí estoy parafraseando a Robert Mullholland. M. Robert Mulholland, *Invitation to a Journey: A Road Map for Spiritual Formation* (Downers Grove, IL: InterVarsity Press, 2016).

9. Mulholland, *Invitation to a Journey*, p. 28.

10. Esas dos frases pertenecen a *El peso de la gloria*, pero su mayor obra acerca del infierno fue *El gran divorcio*. C. S. Lewis, *El peso de la gloria* (HarperCollins español, 2016).

11. Dallas Willard, *La gran omisión*.

12. Un refrán técnicamente correcto, pero terrible.

13. Mira Juan 10:11-16; Jeremías 18:6; Isaías 42:14 y 49:15 respectivamente.

14. En un cierto nivel todos somos "adictos". La pregunta es a qué.

15. Por supuesto que el amor en las enseñanzas de Jesús era muy diferente del "amor" de la cultura moderna; no es tolerancia, ni deseo, ni bonitos sentimientos. No es solo una actitud, es una acción, algo que *haces: amas*. Jesús definió el amor no solamente con sus enseñanzas ("Nadie tiene amor más grande que el que da la vida por sus amigos", dice Juan 15:13), sino hasta con su *muerte*. Para Jesús, eso es el amor: entregar tu vida, morir a ti mismo, dejar que la vida de Dios llegue a través de ti a otras personas.

16. Lucas 6:28

17. 1 Juan 4:8

18. Agustín, *De Trinitate* [La Trinidad], trad. Edmund Hill, ed. John E. Rotelle (Hyde Park, Nueva York: New City, 2015)

19. Juan 15:13

20. 1 Juan 3:16 21.

21. *Invitation to a Journey*, de Robert Mullholland es uno de mis libros favoritos. Lo recomiendo ampliamente.

22. A esta afirmación le faltan muchos matices; debemos distinguir entre lo que algunos han llamado nuestro "falso yo" (al que debemos crucificar) y nuestro "verdadero yo" (que debemos entregar a Dios para que lo utilice como considere oportuno). Una excelente exploración de este matiz es Dr. David Benner, *El don de ser tú mismo: Autoconocimiento como vocación y tarea* (Cantabria, España: Sal Terrae, 2009).

23. Colosenses 1:27

24. Debes leer este libro. Darrell W. Johnson, *Experiencing the Trinity: Living in the Relationship at the Center of the Universe* (Vancouver, BC: Canadian Church Leaders Network, 2021), 53.

25. Juan 17:20-23

26. Mateo 7:14

27. Analogía cursi: todos los niños crecen y se vuelven grandotes. Pero convertir tu cuerpo en el de Arnold Schwarzenegger no es algo que "ocurra porque sí", sino que es el resultado de un entrenamiento serio (y de la genética de un dios griego). Lo mismo ocurre con parecerse a Jesús.

28. Janet O. Hagberg y Robert A. Guelich, *The Critical Journey: Stages in the Life of Faith* [El viaje crítico: Etapas en la vida de fe], 2da ed. (Salem, Wis.: Sheffield, 2005), p. 7.

29. Hagberg y Guelich, *The Critical Journey*, capítulo 7. A menudo pienso en la parábola del sembrador de Jesús. Dudo mucho que Jesús nos haya dado un promedio estadístico; aun así, solo una cuarta parte de las personas dan algún fruto a largo plazo, y solo un tercio de ese grupo (el 8%) da fruto máximo.

30. Algunas razones son: 1. La gente se topa con "el muro" (una experiencia dolorosa que no pueden rodear: "la única salida es a través de"). 2. La mayoría de los modelos de discipulado no ofrecen nada más allá de las etapas dos y tres. 3. Vivimos en una cultura de la primera mitad de la vida, que muchas veces intenta intencionadamente que la gente siga siendo inmadura.

31. Lisa Bodell, "NewYear's Resolu- tions Fail. Do This Instead" ["Las resoluciones de Año Nuevo fallan. Haz esto en cambio"], *Forbes*, 19 de diciembre de 2022, https://www.forbes.com/sites/lisabodell/2022/12/19/new-years-resolutions-fail-do-this-instead/.

32. Leslie Jamison, *The Recovering: Intoxication and Its Aftermath* [La recuperación: Intoxicación y sus consecuencias], (Back Bay Books, 2019).

33. 2 Timoteo 3:16, itálicas añadidas.

34. Lo escuché de esta manera en una enseñanza pequeña y privada. Lo dice de manera similar en esta fuente: James K. A. Smith, *You AreWhatYou Love:The Spiritual Power of Habit* [Eres lo que amas: El poder espiritual del hábito], (Grand Rapids, Mich.: Brazos, 2016), p. 5.

35. Gracias a Cameron Doolittle por esta maravillosa analogía.

36. Francis Spufford, *Unapologetic: Why despite Everything, Christianity Can Still Make Surprising Emotional Sense* [Sin vergüenza: Por qué a pesar de todo el cristianismo todavía tiene un sorprendente sentido emocional], (New York: HarperOne, 2014).

37. Ware, *The Orthodox Way.*

38. Romanos 3:26 RVA 2015 quiere decir que es tanto un juez justo como el que murió para justificarnos.

39. Esta lista fue compilada a partir de la enseñanza del Dr. Gerry Breshears, quien me presentó por primera vez la idea de que las teorías de la expiación son como un diamante multifacético. Puedes acceder a su enseñanza sobre la expiación en la Sesión 21 de este curso de Formación Bíblica: https://www.biblicaltraining.org/learn/academy/th104-a-guide-to-christian-theology

40. Dan B. Allender, *Sabbath: The Ancient Practices* [Sabbat: Las prácticas antiguas], (Nashville, TN: Thomas Nelson, 2008).

41. Lucas 5:31-32

42. Ignacio, "VII. Cuídense de los falsos maestros", en "La Epístola de Ignacio a los Efesios: Versiones cortas y largas", en "Padres Ante-Nicenos, vol. 1, Los Padres Apostólicos, Justino Mártir, Ireneo", ed. Alexander Roberts y James Donaldson, Biblioteca de Clásicos Cristianos Éter, https://ccel.org/ccel/schaff/anf01/anf01.v.ii.vii.html.

43. Thayer's Greek Lexicon, s.v. "sōzō," Blue Letter Bible, https://www.blueletterbible.org/lexicon/g4982/esv/mgnt/0-1/.

44. Lucas 8:48

45. Como dijo Willard: "Cualquier plan exitoso para la formación spiritual (..) será de hecho muy similar al programa de Alcohólicos Anónimos. Dallas Willard, *Renueva tu corazón: Sé como Cristo* (Barcelona: Clie, 2004).

46. James Baldwin, "As Much Truth as One Can Bear" ["Tanta verdad como uno pueda soportar"], *New York Times*, 14 de enero de 1962.

47. Aaron Lewendon, "Eden Q&A con Pete Hughes about *All Things New*" ["Preguntas y respuestas del Edén con Pete Hughes sobre *Todas las cosas nuevas*"], 4 de febrero de 2020, www.eden.co.uk/blog/eden-q-a-with-pete-hughes-about-all-things-new-p1783328.

48. Charles Duhigg, *El poder de los hábitos: Por qué hacemos lo que hacemos en la vida y en la empresa* (Nueva York: Random House, 2023).

49. Pete Scazzero (@petescazzero), Twitter, 30 de junio de 2017, https://twitter.com/petescazzero/status/880864831808700416?lang=en.

50. Flannery O'Connor, *El hábito de ser: Cartas de Flannery O'Connor*, (Farrar, Straus and Giroux 1988), p. 229 del original en inglés.

51. Tish Harrison Warren, *Liturgy of the Ordinary: Sacred practices in everyday life* [Liturgia de lo ordinario: Prácticas sagradas en la vida cotidiana], (Downers Grove, Ill.: IVP Books, 2016), 31.

52. A.W. Tozer, *El conocimiento del Dios santo* (Miami: Vida, 1996), p. 4 del original en inglés.

53. Mateo 5:19

54. Mateo 7:24

55. Mi libro favorito sobre la comunidad: Joseph H. Hellerman, *When the Church Was a Family Recapturing Jesus' Vision for Authentic Christian Community* [Cuando la iglesia era una familia: Recuperando la visión de Jesús para una auténtica comunidad cristiana], (Nashville, TN: B & H Publishing Group, 2014).

56. Él continúa diciendo: "Dios detesta esta ensoñación porque convierte al soñador en orgulloso y pretencioso. Los que sueñan con esta comunidad idolatrada exigen que sea cumplida por Dios, por los demás y por ellos mismos. Entran en la comunidad de los cristianos con sus exigencias establecidas por su propia ley, y se juzgan unos a otros y a Dios en consecuencia", y termina diciendo: "Vivan juntos en el perdón de sus pecados. Perdónense cada día de corazón". Dietrich Bonhoeffer, *Vida en comunidad* (Salamanca, España: Ediciones Sígueme, 2019).

57. Apocalipsis 7:10

58. Eugene H. Peterson y Leif Peterson, *Una obediencia larga en la misma dirección: El discipulado en una sociedad instantánea* (Editorial Patmos, 2004).

59. Madeline Joung, "Millennial Life: Eat, Sleep,Work, Screens" ["Vida milennial: comer, dormir, trabajar, pantallas"], *Voice of America*, 18 de noviembre de 2020, www.voanews.com/a/student-union_millennial-life-eat-sleep-work-screens/6198558.html.

60. Santiago 1:2-4

61. Romanos 5:3-4

62. 1 Pedro 1:6

63. Para ver un gran resumen de esta interpretación, te recomiendo *Them*, de Ben Sasse. Benjamin E. Sasse, *Them: Why We Hate Each*

Other —and How to Heal [Ellos: Por qué nos odiamos, y cómo sanar], (New York, NY: St. Martin's Griffin, 2019).

64. Jacques Ellul, *The Technological Society* (New York: Random House, 1967).

65. Juan 16:21

Meta #3: Hacer lo que Él hizo

1. Mi paráfrasis de Mateo 28:19. La NVI dice "de todas las naciones" pero el término es *ethnos* en griego, y se acerca más a la idea de "grupos étnicos". No confundir con el término moderno de estado nacional.

2. Mishná, Pirkei Avot 1:1

3. Marcos 1:17

4. Warren Wiersbe, *The Wiersbe Bible Commentary: New Testament* [Comentario bíblico Wiersbe: Nuevo Testamento], (Colorado Springs: David C Cook, 2007), p. 92.

5. Patrick O'Connell, "The 5 Steps of Leadership Development" ["Los cinco pasos del desarrollo del liderazgo"], *Aspen Group*, 29 de octubre de 2020, www.aspengroup.com/blog/five-steps-of-leadership-development.

6. Lucas 10:37 RVA 2015

7. 1 Juan 2:5-6

8. Esta es otra traducción de la palabra griega traducida como "primicias" en 1 Corintios 15:20-26

9. El ejemplo clásico es la Biblia de Thomas Jefferson, donde literalmente recortó todas las historias de milagros y todo aquello con lo que él no estuviera de acuerdo. Como podrás imaginarte, cortó también las enseñanzas sobre esclavitud y justicia.

10. A lo que los escépticos respondieron: "¿A quién le importa, si la Biblia es solo una colección de escritos de seres humanos?".

11. Lucas 4:18-19

12. Arthur Michael Ramsey, *God, Christ and the World: A Study in Contemporary Theology* [Dios, Cristo y el mundo: Un estudio en teología contemporánea], (Eugene, Ore.: Wipf and Stock, 2012), p. 37

13. Juan 14:12

14. Algunos alegan que significa cantidad, no cualidad. Ahora que hay millones de seguidores de Jesús en todo el mundo, pueden llevar sus obras de milagros y liberación a más personas de las que Jesús podría haber llevado solo. Es una interpretación poderosa.

15. Henri Nouwen, *Reaching out: The Three Movements of the Spiritual Life* [Extenderse: Los tres movimientos de la vida espiritual], (London: Fount, 1996).

16. Por supuesto, la mayor parte de esto se debe a la bifurcación cristiano/discípulo en la cultura occidental, pero no todo. El cambiante cálculo moral en torno a la sexualidad y el género ha desencadenado un creciente veneno, incluso hacia los discípulos de Jesús más cariñosos y considerados.

17. Lucas 19:7

18. Mary Douglas, *Implicit Meanings: Selected Essays in Anthropology* [Significados implícitos: Ensayos selectos de antropología], (London: Routledge, 2010).

19. A mí me encanta ir a Chipotle, por ejemplo.

20. Robert J. Karris, *Luke: Artist and Thologian* [Lucas: Artista y teólogo], (Eugene, Ore.: Wipf and Stock, 2008), p. 47.

21. Lucas 7:34

22. Robert J. Karris, *Eating Your Way through Luke's Gospel* [El evangelio de Lucas y la comida], (Collegeville, MN: Liturgical Press, 2006), p. 14.

23. Tim Chester, *A Meal with Jesus: Discovering Grace, Community, & Mission around the Table* [Una comida con Jesús: Descubriendo la gracia, la comunidad y la misión alrededor de la mesa], (Seoul: IVP, 2013).

24. Lucas 19:10

25. Lucas 7:34

26. Chester, *A Meal with Jesus*, introducción.

27. Comentario de Romanos 12:10–13, Precept Austin, 21 de febrero de 2015, https://www.preceptaustin.org/romans_12_notes#12:13.

28. Henri J. M. Nouwen, *Reaching Out*, p. 66.

29. Nouwen, *Reaching Out*, p. 67

30. Ronald Rolheiser, *Sacred Fire: A Vision for a Deeper Human and Christian Maturity* [Fuego Sagrado: Una visión por una humanidad más profunda y una madurez cristiana], (New York: Image), p. 260.

31. Rosaria Champagne Butterfield, *The Gospel Comes with a House Key: Practicing Radically Ordinary Hospitality in Our Post-Christian World* [El evangelio viene con una llave: Practicando una hospitalidad radicalmente ordinaria en nuestro mundo postcristiano], (Wheaton: Crossway, 2018), p. 11.

32. "Almost Half of Practicing Christian Millennials Say Evangelism is Wrong" ["Casi la mitad de millennials cristianos practicantes dicen que la evangelización está mal"], *Barna*, 5 de febrero de 2019, https://www.barna.com/research/millennials-oppose-evangelism/.

33. Marcos 1:15 RVA 2015

34. Mira Romanos 10:9, Filipenses 2:11 o 1 Corintios 12:3.

35. Alpha.org.

36. Daniel A. Cox, "The State of American Friendship: Change, Challenge, and Loss" [El estado de la amistad norteamericana: Cambios, desafíos y pérdidas], *Survey Center on American Life*, 18 de junio de 2021, https://www.americansurveycenter.org/research/the-state-of-american-friendship-change-challenges-and-loss/.

37. Chris Jackson y Negar Ballard, "Over Half of Americans Re- port Feeling Like No One Knows Them Well" ["Más de la mitad de los estadounidenses informa que se siente como si nadie los conociera bien"], *Ipsos*, 1 de mayo de 2018, www.ipsos.com/en-us/news-polls/us-loneliness-index-report.

38. Hechos 1:8

39. Mortimer Arias, *Announcing the Reign of God: Evangelization and the Subversive Memory of Jesus* [Anunciando el Reino de Dios: Evangelización y la memoria subversiva de Jesús] (Eugene, Oregón: Wipf and Stock, 2001), p. 43.

40. 1 Juan 1:2 RVA 2015

41. Recomiendo encarecidamente su libro *Sanidad Poderosa* (Caribe-Betania, 1997).

42. 1 Pedro 2:12

43. Henry George Liddell et al., *A Greek - English Lexicon* (Oxford: Clarendon Press, 1996).

44. Dallas Willard, *El espíritu de las disciplinas: Cómo transforma Dios la vida* (Florida: Vida, 2010), p. 247 del original en inglés.

45. Strong'sDefinitions,s.v."martys",BlueLetterBible,www.blueletter bible.org/lexicon/g3144/niv/mgnt/0-1.

46. Filipenses 3:8

47. 1 Tesalonicenses 5:19

48. Frank Charles Laubach, *Letters by a Modern Mystic*.

49. Lucas 19:9

50. Moltmann Jürgen, *El camino de Jesucristo* (Ediciones Sígueme, 2000).

51. Mateo 4:24

52. Hechos 5:15

53. Hechos 19: 10-12

54. Santiago 5:16

55. Mis dos libros preferidos sobre el tema de la sanidad son *Healing*, de Dr. Francis McNut y *Sanidad poderosa* de John Wimber (Caribe-Betania, 1997).

56. Un par de recomendaciones sobre liberación: Jon Thompson, *Deliverance: A journey toward the unexpected* [Liberación: Un viaje hacia lo inesperado], (Ontario: Sanctus Church, 2021) y Tom White, *The Believers Guide to Spiritual Warefare,* (Chosen Books, 2011).

57. Para conocer la historia de mi esposa T, escucha este podcast que hicimos juntos: Es el episodio 02 sobre el ayuno del Podcast de la Regla de Vida de *Practicing the Way*.

58. Juan 4:18

59. Juan 9:13 LBLA

60. Mira el accesible e increíblemente útil resumen de Tim Keller sobre el libro de Alasdair MacIntyre, *Whose justice? Which Rationality?* [¿De quién es la justicia? ¿Cuál racionalidad?], (University of Notre Damme Press, 2008), en este artículo: https://quarterly. gospelinlife.com/a-biblical-critique-of-secular-justice-and-critical-theory/.

61. Esto era un folleto de una clase que tuve con él en el seminario.

62. Ware, *The Orthodox Way*.

63. Marcos 16:15.

64. Mi paráfrasis de Juan 5:19.

65. 1 Corintios 12:27.

66. Mark Etling, "Christ Has No Body on Earth but Yours" ["Cristo no tiene otro cuerpo en la tierra sino el tuyo"], *National Catholic Reporter*, 21 de enero de 2022.

67. Kelly, *A Testament of Devotion*, pp.64-65.

68. Kelly, *A Testament of Devotion*, p. 35.

69. 1 Corintios 3:5

70. Tony Evans, *Tony Evans se pronuncia sobre el ayuno* (Chicago: Moody, 2000), 42.

71. Kahlil Gibran, "On Work" ["Sobre el trabajo"], *Poets.org*, https:// poets.org/poem/work-4.

72. Martin Luther King Jr., "Facing the Challenge of a New Age" ["Enfrentando el desafío de una nueva era"], (discurso, Primer Instituto Anual sobre la No Violencia y el Cambio Social, Montgomery, Alabama, 3 de diciembre de 1956), en *Los Documentos de Martin Luther King Jr.*, vol. 3, Nacimiento de una Nueva Era, diciembre de

1955 - diciembre de 1956, editado por Clayborne Carson y otros (Berkeley, California: University of California Press, 1997).

73. Mateo 5:16
74. Hebreos 4:15

¿Cómo? Una Regla de Vida

1. Pete Scazzero, *Una iglesia emocionalmente sana* (Vida, 2005).
2. John Ortberg, *Guarda tu alma: Cuidando la parte más importante de ti* (Grand Rapids, Michigan: Vida Publishers, 2014), p. 89 del original en inglés.
3. Diccionario Etimológico en Línea, s.v. "rule" (regla), www.etymon line.com/word/rule.
4. Villodas, *The Deeply Formed Life*, pp. 217-18.
5. 1 Corintios 4:17, BLPH
6. David Brooks, *La segunda montaña: La búsqueda de una vida con sentido* (Gaia Ediciones, 2020).
7. Dietrich Bonhoeffer, citado en Ronald Rolheiser, *Our One Great Act of Fidelity: Waiting for Christ in the Eucharist* [Nuestro único gran acto de fidelidad: Esperando a Cristo en la eucaristía], (Nueva York: Doubleday, 2011), p. 78. Lo escribió en una carta que envió a su sobrina en el día de su boda, cuando estaba prisionero de la Gestapo. Poco después, fue martirizado.
8. Consulta la sección "Reflexión sobre la Salud Espiritual".
9. Spufford, *Unapologetic*.
10. Annie Dillard, *The Writing Life* [La vida de escribir], (Nueva York: Harper Perennial, 2013), p. 32.
11. "Preamble" ["Preámbulo"], Una Regla de Vida para emprendedores redentores, https://rule.praxislabs.org/preamble/. Consulta la Regla que Andy y otros desarrollaron para Praxis: https://rule.praxislabs.org.

12. ¿Adivina qué? ¡Siguen vivos!

13. Encuentro útil eliminar por completo la aplicación cada semana. Solo digo.

14. Mira la Regla completa en https://rule.praxislabs.org/the-rule-in-one-page/.

15. Marcel Schwantes, "Steve Jobs's Advice on the Only 4 TimesYou Should Say No Is Brilliant" ["El consejo de Steve Jobs sobre las únicas cuatro ocasiones en que deberías decir no es brillante"], *Inc.*, 31 de enero de 2018, www.inc.com/marcel-schwantes/first-90-days-steve-jobs-advice-on-the-only-4-times-you-should-say-no.html.

16. Romanos 7:19

17. T. S. Eliot, "Burnt Norton", en *Four Quartets* (NewYork: Harcourt, Brace, 1943), p. 17.

18. Dos libros que hacen un excelente trabajo explicando cómo los algoritmos utilizan el miedo y la ira son: *Diez razones para borrar tus redes sociales de inmediato*, de Jaron Lanier y *Stolen Focus* [Enfoque robado], de Jonathan Hari.

19. Filipenses 3:14

20. Margaret Guenther, *At Home in the World: a Rule of Life for the Rest of Us* [En casa en el mundo: Una Regla de Vida para el resto de nosotros], (New York: Church Publishing, Incorporated, 2006).

21. Craig Dykstra, *Growing in the Life of Faith* [Creciendo en la Vida de Fe], 2a edición (Londres: Westminster John Knox, 2005), 67.

22. Le huyo a este lenguaje por dos razones sencillas (y sin carga emocional): la primera razón es que, para mucha gente, "espiritual" significa incorpóreo (que es el significado platónico, no el bíblico, pero tristemente es el uso más común en la iglesia occidental), pero las prácticas tratan de cómo llevas la visión de Jesús de tu mente a tu cuerpo. Para los escritores del Nuevo Testamento, tu cuerpo es el punto focal de tu relación con Dios (su "templo"), y lo que haces con él importa. Y la segunda razón es que "disciplina" es una gran palabra, y me encanta, pero tiene connotaciones negativas en

nuestra cultura antirregla. Ya que "disciplinas espirituales" no es un lenguaje usado en las Escrituras, y "práctica" sí, prefiero llamarlas las prácticas de Jesús siempre que puedo.

23. Ruth Haley Barton, *Sacred Rhythms: Arranging Our Lives for Spiritual Transformation* [Ritmos sagrados: Organizando nuestras vidas para la transformación espiritual], (Downers Grove, Ill.: IVP Books, 2006).

24. Mateo 11:28-30, expresión disponible en la edición de la Biblia MSG en legua inglesa: "Learn the unforced *rhythms of grace*".

25. "Medios de Gracia", *Ligonier Ministries*, 26 de junio de 2012, www.ligonier.org/learn/devotionals/means-of-grace.

26. Richard Plass y James Cofield, *The Relational Soul: Moving from False Self to Deep Connection* [El alma relacional: Pasando del falso yo a la conexión profunda], (Downers Grove, Ill.: IVP Books, 2014), p. 134.

27. Para aclarar: no es a causa de esas tres prácticas sino a pesar de ellas.

28. Richard Foster, *Celebración de la disciplina* (Peniel, 2009), p. 2

29. John Ortberg, *La vida que siempre has querido: Disciplinas espirituales para personas comunes* (Miami, Fla: Editorial Vida, 2004).

30. En el Sermón del Monte, Mateo 6:1-18

31. Para el apóstol Pablo, "gracia" es más que solo "favor no merecido", como me enseñaron en mi juventud. Es una especie de sinónimo para el Espíritu de Dios, que nos da la capacidad de ser y hacer lo que nunca podríamos hacer por nuestra propia cuenta.

32. Willard, *El espíritu de las disciplinas,* p. 68.

33. Filipenses 2:13, NTV

34. Dato curioso: toda mi familia inmediata le puso de nombre a su perro como algún personaje de Star Wars: Kylo (como Ren), Jengo (como Fett), Obi (como Wan Kenobi) y Trooper (que es blanco, como en una tormenta). Naturalmente tuvimos que seguirles la corriente.

35. Mulholland, *Invitation to a Journey*, p. 90.

36. Otros aspectos fundamentales de la formación espiritual serían: la sanidad de los recuerdos, especialmente los traumáticos, ofrecer el perdón a quienes nos han hecho daño, romper los patrones insalubres de tu familia de origen, la liberación, el cuidado del cuerpo, vivir en comunidad, dejar que el sufrimiento te libere de los apegos, y mucho más…

37. Nan Fink, *Strangers in the Midst: A Memoir of Spiritual Discovery* [Forastero en medio: Memorias de un descubrimiento espiritual], (New York: BasicBooks, 1997).

38. Henri Nouwen, *The Spiritual Life: Eight Essential Titles by Henri Nouwen* [La vida espiritual: Ocho títulos esenciales de Henri Nouwen], (Nueva York: HarperOne, 2016), p. 24.

39. James A. Connor, *Silent Fire: Bringing the Spirituality of Silence to Everyday Life* [Fuego silencioso: Trayendo la espiritualidad del silencio a la vida cotidiana], (New York: Crown Publishers, 2002).

40. "An Exercise in Wonder" ["Un ejercicio en asombro"], *Christian History Institute*, https://christianhistoryinstitute.org/magazine/article/an-exercise-in-wonder.

41. Lucas 5:16

42. Esta es una adaptación de Mark E. Thibodeaux, *Armchair Mystic: How Contemplative Prayer Can Lead You Closer to God* [Místicos de sillón: Cómo la oración contemplativa puede acercarte a Dios], (Cincinnati, OH: Franciscan Media, 2019).

43. Ronald Rolheiser, *Oración: Nuestro más profundo anhelo* (Lumen, 2014).

44. Juan 4:32

45. Romanos 12:2

46. 1 Corintios 2:16.

47. Recomiendo con todas mis fuerzas todo el contenido de Bible Project: https://spa.bibleproject.com/.

48. Esto es de su próximo libro que se llamará *Steps: Una guía para transformar tu vida cuando la fuerza de voluntad no es suficiente.*

49. Juan 3:16; 14:16, 26.

50. Rolheiser, *Sacred Fire*, p. 260.

51. Hechos 20:35

52. Mateo 20:28 RVA 2015

53. Juan 13:15, 17.

54. Marcos 16:15.

55. Champagne Butterfield, *The Gospel Comes with a House Key.*

56. Esta es una expresión de mi amigo Pete Greig y el equipo de 24/7.

57. Guenther, *At Home in the World*, p. 178.

58. Dallas Willard, *La divina conspiración*, p. 348.

59. Brian J. Fogg, *Hábitos mínimos: Pequeños cambios que lo transforman todo* (Urano, 2021).

60. Gary Thomas, *Sacred Pathways: Discover Your Soul's Path to God* [Caminos sagrados: Descubre el camino de tu alma hacia Dios], (Grand Rapids, MI: Zondervan, 2010), p. 17, 36.

61. Thomas, *Sacred Pathways*, capítulos 3-11.

62. Debes leer *Domestic Monastery* [Monasterio doméstico] de Ronald Rolheiser si eres un padre joven. No te preocupes; es corto.

63. Harrison Warren, *Liturgy of the Ordinary*, p. 99.

64. Se podría decir mucho más sobre esto. Te invito a escuchar dos enseñanzas sobre el tema que hice aquí: www.practicingtheway.org/practices/naming.

65. A mis colegas pastores: Mi sueño es que las iglesias del futuro (como las iglesias del pasado) se organicen en torno a una Regla de Vida, una forma de estar juntos, contextualizada para su tiempo, su lugar y su gente. Puede suceder. ¿Lo considerarías?

66. Nathan Campbell, *"Educating Loves: A Morning in Brisbane with James K. A. Smith"* ["Educando amores: Una Mañana en Brisbane con James K. A. Smith"], St. Eutychus, https://st-eutychus.com/2016/educating-loves-a-morning-in-brisbane-with-james-ka-smith.

67. G. K. Chesterton, *Ortodoxia*, trad. Marilyn Ismary García ,2018 p. 55 del original en inglés.

68. Ken Shigematsu, *God in My Everything: How an Ancient Rhythm Helps Busy People Enjoy God* [Dios en mi todo: Cómo un antiguo ritmo ayuda a la gente ocupada a disfrutar a Dios], (Grand Rapids, MI: Zondervan, 2013).

69. Greg Peters, *The Monkhood of All Believers: The Monastic Foundation of Christian Spirituality* [La hermandad de todos los creyentes: Fundamentos monásticos de la espiritualidad cristiana], (Ada, Michigan: Baker, 2018).

70. Walter H. Capps, *The Monastic Impulse* [El impulso monástico], (New York: Crossroad, 1983).

71. Jerónimo, citado en Laurie Guy, *Introducing Early Christianity: A Topical Survey of Its Life, Beliefs and Practices* [Introduciendo el cristianismo temprano: Un estudio temático de su vida, creencias y prácticas], (Downers Grove, Illinois: InterVarsity, 2004), p. 139.

72. Benedict et al., *The Rule of St. Benedict* (Ichthus Publications, 2018). Disponible en español en PDF https://www.pildorasdefe.net/files/la-regla-de-san-benito-.pdf

Toma tu cruz

1. Mark Scandrette, *Practicing the Way of Jesus: Life Together in the Kingdom of Love* [Practica el camino de Jesús: La vida juntos en el reino de amor], (Readhowyouwant.com Ltd, 2011).

2. Ambas historias se encuentran en Lucas 9:57-61

3. No pongas la respuesta "correcta", sino la sincera. Fingir no te ayudará en lo más mínimo. Puede ser que, para ti, el camino espiritual comience no por querer seguir a Jesús, sino por desear querer seguir a Jesús. Está bien, empieza por ahí. Da el siguiente paso: dile eso a Jesús en oración.

4. Lucas 9:23

5. Dietrich Bonhoeffer, *El costo del discipulado* (Buenos Aires: Ediciones Peniel, 2017).

6. Juan 15:20

7. Un dicho que se le atribuye a Tertuliano en el siglo III.

8. Jaroslav Pelikan, *The Shape of Death: Life, Death and Immortality in the Early Fathers* [La forma de la Muerte: Vida, muerte e inmortalidad en los padres primitivos], (Nashville, TN: Abingdon Press, 1961), p. 55.

9. Le doy gracias a Kevin Jenkins por esto.

10. Juan 14:15

11. Mateo 28:20

12. Romanos 7:24

13. Salmos 73:26

14. Ve su libro *Will and Spirit.* Gerald G. May, *Will and Spirit: A Contemplative Psychology* [Voluntad y espíritu: Una psicología contemplative], (New York: HarperOne, un sello de HarperCollins Publishers, 2006).

15. Thomas Keating, *Mente abierta, corazón abierto* (Descleé de Brouwer, 2006).

16. Lucas 22:42

17. Filipenses 4:7; 1 Pedro 1:8

18. Marcos 8:35

19. En el mundo antiguo no había bancos, por lo que una persona con medios a menudo enterraba su dinero u oro, en algún lugar secreto, pero si moría, ese conocimiento moría con él. Esta es una historia probable de la vida del primer siglo.

20. Elisabeth Elliott, ed., *The Journals of Jim Elliott* [Los diarios de Jim Elliott], (Grand Rapids, Michigan: Revell, 2002), p. 174.

21. Johann Wolfgang von Goethe, *The Holy Longing* ["El santo anhelo"], trad. Robert Bly, Universidad de York, www.yorku.ca/lfoster /documents/The_Holy_Longing_Goethe.htm.

22. Tito Colliander, *Way of the Ascetics:The Ancient Tradition of Discipline and Inner Growth* [El camino de los ascetas: La antigua tradición de la disciplina y el crecimiento interior], trad. Katherine Ferré (San Francisco: Harper and Row, 1982), p. 54.

23. Laubach, *Letters by a Modern Mystic*, p. 25.

24. Gregorio de Nisa, "Perfection Is Friendship with God" ["La perfección es la amistad con Dios"], *Renovaré*, enero de 2023, https://renovare.org/articles/perfection-is-friendship-with-god.

25. Esta historia fue narrada por Gary Moon, que era discípulo de Dallas, en su libro *Apprenticeship with Jesus: Learning to Live Like the Master* [Aprendices de Jesús: Aprendiendo a vivir como el maestro], (Grand Rapids, MI: Baker Books, 2009), p. 241.

26. Thomas R. Kelly, *A Testament of Devotion*.

JOHN MARK COMER

Pastor, maestro y autor, así como fundador de Practicing the Way. Tras servir como pastor principal de la Iglesia Bridgetown en Portland, Oregón, durante casi dos décadas, John Mark y su familia ahora residen en Los Ángeles, donde ejerce como maestro residente en discipulado y formación espiritual en la Iglesia Vintage LA.

Es autor de siete libros, incluyendo el *bestseller* del New York Times *Elimina la prisa de tu vida* y *Vivir sin mentiras*. Sus podcasts *John Mark Comer Teachings* [Enseñanzas de John Mark] y *Rule of Life* [La Regla de Vida], han sido clasificados en los primeros lugares de las listas de podcasts de religión y espiritualidad en Estados Unidos y el Reino Unido.